上海市家庭教育系列教材

"家风·家教·家训"系列丛书

克勤克俭

上海市学习型社会建设服务指导中心 主编

本册编者：樊波成

复旦大学出版社

上海教育音像出版社

本册编者：樊波成

总　序

早春一枝梅，报得春消息。2015年2月17日上午，中共中央、国务院在人民大会堂举行2015年春节团拜会时，习近平同志发表重要讲话，强调“家庭是社会的基本细胞，是人生的第一所学校。不论时代发生多大变化，不论生活格局发生多大变化，我们都要重视家庭建设，注重家庭、注重家教、注重家风，紧密结合培育和弘扬社会主义核心价值观，发扬光大中华民族传统家庭美德，促进家庭和睦，促进亲人相亲相爱，促进下一代健康成长，促进老年人老有所养，使千千万万个家庭成为国家发展、民族进步、社会和谐的重要基点”。习总书记的讲话，为进一步注重家庭建设、凸显家庭教育、强化家风传承，把家庭建设摆在更加重要的位置这一深刻命题的研究指明了新的方向。

（一）

汉语里的家，按甲骨文字形来看，家是同处在一个屋檐下，是共同生活的眷属和他们所住的地方。古人对“家”的注解有：“家，居也”“家人内也”“有夫有妇，然后为家”。这都说明家是建立在夫妻和睦的基础之上的。因此，家永远都有一个温馨的主题，它是一片宁静的港湾，岁月之舟会在这里找到停泊的锚位。关于英语里的家庭family一词，也有一种很有意思的解释：f代表father，a代表and，m代表mother，i就是我，l指love，y是you。连起来就是father and mother I love you，也就是爸爸妈妈我爱你们。这种趣解表明了家庭诞生于婚姻关系、血缘关系或收养关系基础之上，它既是亲属之间所构成的社会生活单位，也是一种社会生活方式。

在人类的意识深处，无论何时何地都对家充满了留恋和向往，因为它是温暖的代名词，是人休憩身心、调整自己的港湾。“迷途漫漫，终有一归”，回家的路永远让人倾心、牵挂。尤其是对于那些在名利场上拼杀得遍体鳞伤的战士，那些在茫茫旅途中四处寻觅的游子，家不仅是生命之旅的始发港，更是生命旅程中休憩的港湾，甚至是最终要抵达的目的地。在人们的意识里，似乎浩瀚宇宙中唯有这里才没有尔虞我诈的争斗，没有虚伪、欺骗与背叛。罗斯金曾这样表述过对家的概括：“这就是家的真正性质——它是和平的地方，避难所，不但免遭一切伤害，而且还免遭一切恐怖、怀疑和分裂。”

“一家仁，一国兴仁；一家让，一国兴让”。家庭是社会的基本细胞，既是最重要、最核心的社会组织，也是最重要、最基本、最核心的经济组织，还是人们最重要、最基本、最核心的精神家园。由于家庭承载着教育、抚养儿童并使之适应社会的功能，承担着情感和陪伴的核心功能，所以，家庭的健康、可持续发展是社会、国家稳定发展的基石；反之，如果全社会都是支离破碎的“家庭”，我们难以想象整个社会或国家还能存在。

正因如此，我国自古以来无数渴求立国安邦的仁人志士谱写下了他们对完整、幸福家庭的渴念。遭遇放逐的屈原，想得最多的就是那个家——郢都。所以无论多少苦难，他都要戴着高冠，佩着长剑，行吟着自己的“九歌”。待到郢都被攻陷，国破家亡之时，他便知道这个世界已没有他的家了，便毫无眷恋地去了另外一个更遥远的地方。因为那里可能才有他的家，他的精神家园。狂放如李白者，也会有“举头望明月,低头思故乡”的愁思；奇崛如韩愈者,也会有“云横秦岭家何在,雪拥蓝关马不前”的踌躇；冷峻如杜甫者,也会有“剑外忽传收蓟北，初闻涕泪满衣裳”的欣喜若狂；潇洒如王维者，也会有“独在异乡为异客,每逢佳节倍思亲”的惆怅。“问君能有几多愁，恰似一江春水向东流”，更是写尽了李后主对故国家园无限的留恋和怀念,引千年喟叹,万古流传。家,正是飘扬于远空风筝上的那根线绳；家，正是氤氲于酒杯中的那份醇厚。没有了家，便如那浮萍一样，飘飘荡荡，不知所终。于是，家便成了我们心中那永远抹不去的精神印记，也便成了我们贡献于社会国家而努力不懈的精神起点。

（二）

“人必有家,家必有训。”中国人的家训智慧,自古及今,源远流长。家训，又称家诫、家范、庭训等，指家庭或家族内部父祖辈对子孙后代的垂诫、训示，更是儒家知识分子在立身、处世、为学等方面教育后辈的家庭教育读物。其内容之丰富、涉及面之广博、影响之深刻是世界各国文化所不具备的。流传至今的家训都属于名人家训，均为历代的优秀之作。其核心是围绕着治家教子、修身做人展开，其实质是伦理教育和人格塑造。可以说，家训在中国古代家庭教育中发挥了重要作用，是先人留下的为人处世宝典，历代帝王将相和各层民众对此都很重视。

正是由于家庭在每个人的生活、成长历程中具有极其重要的作用，因此来自家庭的教育和训导在人的成长中不仅极具价值，而且也是其他教育所无法取代的，家风、家训、家规、家教因此自古以来受到极大的重视和发扬。家训是家庭的核心价值观，家规是家庭的“基本法”，家风是家族子孙代代恪守家训、家规而长期形成的具有鲜明家族特征的家庭文化，是一个家族最宝贵的财产，是每个家族成员自豪感的源泉，是每个家庭成员“三观”的基石。

“家风纯正，雨润万物；家风一破，污秽尽来。”千百年来很多仁人志士把家风当作家庭家族兴旺发达之“魂”，通过父传子、子传孙、子子孙孙相互濡染的家庭教育氛围形成一种无声教诲。而其重中之重，则是注重道德教化，强调通过对家族成员的劝学勉学，加强成员自身的立德修身进而实现道德要求。重视“风化”的道德教育方法，强调通过上行下效与潜移默化的影响将外在的道德规范内化为道德主体的道德认同。可以说，家风是融化在我们血液中的气质，是沉淀在我们骨髓里的品格，是我们立世做人的风范，是我们工作生活的格调；家风是民风的根基，是社会和谐的基础。

与此同时，中国古代的家教也与家风建设同步进行。“家之兴替，在于礼义，不在于富贵贫贱。”知礼仪、重家风的中华民族传统家教，既有明晰的道德理想，又有以家庭为单位的健全的组织制度，是在学校教育和社会教育之外最早的和长效的教育资源。虽然这种教育传统在近现代遭遇过人们的摒弃，但抚今追昔，尤其是通过中西文化比较，我们确有必要重新审视古代家教在教化天下方面留下的历史经验。

（三）

在当下，为何要重提家庭问题，重提家风、家教、家训呢？

正如习近平同志在会见第一届全国文明家庭代表时的讲话中所指出的：“中华民族历来重视家庭。”“无论时代如何变化，无论经济社会如何发展，家庭的社会功能都不可替代，家庭的文明作用都不可替代。”自古以来，家庭教育都是我国教育的优势资源，孝文化、君子文化、家国文化都是我们传统教育的正面结果。但互联网的普及，信息化程度迅速提高，全球化的时代背景，使得当下中国进入前所未有的转型期，不只是成长中的学生，几乎所有的民众价值观都在发生巨变，来自外界的强大冲击力让家庭教育这个支柱多少有些动摇，人们在惊异中发现，传统的以道德教育为核心的家庭教学方式、学校教育方式都遇到了挑战。重智轻德、重才轻品、重知识轻文化的现象，已在家庭教育中处处彰显，由此造成了很多严重问题。而家庭教育的不足，家长教育角色的缺失，已成为不容忽视的社会问题。因此，有必要从国家软实力建设和发展的战略高度，重新挖掘和扬弃中华民族传统文化瑰宝“家风、家教、家训”的重要作用，注重抓好以传统优秀文化为核心的家庭教育。

首先，注重家庭教育，就是充分重视“国民素质教育的第一堂课”。全球化的主要特征体现为全球联系不断增强、人类生活在全球规模的基础上发展、全球意识的崛起这三大方面。而国与国之间在政治、经济贸易上的互相依存，已成必然。这就促使民族国家必须立足于全球劳动分工来规划自己的发展方向，呈现各自的优势。发达国家的相关经验表明，提高国民基本素质是国家立于不败之地的根本。一战，德国战败，但短短几十年后竟然又跑到了世界的前列；二战，它又是战败国，之后又是短短几十年，不仅实现经济上的腾飞，还实现了统一。日本也是如此。19世纪中期，美国人敲开了日本的国门，然而经历“明治维新”之后的日本成为了世界上的列强之一；二战，日本也是战败国，但经过短短几十年，也创造了一个个发展的奇迹，实现了国家的强大和繁荣。是什么让他们能够从失败中迅速恢复？是什么让他们从废墟中崛起？那就是国民素质。素质是存在于国民身上的东西，无形却最有力。战争，可以摧毁所有物质成果，但只要国民还在，还未被灭绝，他们优秀的素质还保存着，物质成功很快就会再现。我们不能忘记，具有高层次国民素质的国家才能真的强大无敌。也因此，我们国家已经提出变人口大国为人力资源强国的战略目标。要实现这一战略目标，治家教子、修身做人，就是家庭教育第一堂课承担的基本功能，其重要性也就不言而喻了。

其次，注重家庭教育，就是深化国家安全、社会稳定教育的基础性工作。家庭是文明社会的基本细胞。早在西汉时的《礼记》里就有定论："身修而后家齐，家齐而后国治，国治而后天下平。"自古至今，青少年的价值观，他们对于国家、民族的认同，他们的政治态度、信念，以及是否有社会意识和社会责任感，一直是国家安全、社会稳定所系。青少年的社会认同、国家认同是一个国家繁荣富强的重要政治基础。中国人的国家认同观念自古即有，它们与青少年对中华文明的起源、中华文明的形成和中华民族的融合与发展的认识息息相关，并随时代发展不断演化。发展到今天，体现为青少年在全球化时代能够自觉维护国家主权和领土完整，明确国家主权、领土完整神圣不可侵犯。同时也要正确认识、时刻警惕西方和平演变，牢固树立正确国防观念，确保国家军事安全，牢记古今中外教训，时刻保持居安思危的清醒头脑。家庭生活中，长辈的家国情怀、民族认同和社会责任感，会对孩子产生潜移默化的教育作用，而长辈对晚辈的言传身教更有助于强化青年人形成正确的世界观、人生观和价值观，客观上对国家安全、社会稳定教育发挥基础性作用。

再次，注重家庭教育，就是提高我国参与国际竞争的能力和水平。国际上很多发达国家都比以往更加重视家庭教育。德国宪法明文规定：父母必须承担教养儿童的自然权利和义务，政府则承担辅助责任。法国在1989年7月的《教育指导法》中明确，要提高学生的学业成绩，要打好学生教育的基础，必须依靠家庭的力量。英国教育与科学部、威尔士事务部，在1985年向议会提交的白皮书摘要《把学校办得更好》中提出家庭作为重要教育者，应该和学校密切合作共同教育学生。“9·11”之后，美国青少年的国家政治认同成为国家政治中的一个重要问题，他们把青少年教育提高到反恐、国家安全的高度，深入到从家庭到学校到社会的各个层面加以实施。美国制定了《2000年目标：美国教育法》《2002—2007年教育战略规划》等国家策略，把教育放到关乎国家安全的战略高度，以培养身心健康、爱国、守法、富于社会责任感、掌握科学知识的下一代，确保国家长治久安为目标。而近几年包括欧洲在内的一些国家出现的动乱和恐怖袭击，也从反面给我们以启示：公民在政治、社会认同和文化融合的缺失和不足，对政治经济和生命会造成莫大的损失和伤害。如何实施与强化我们当下的家庭对青少年的国家认同、社会认同教育，建构稳定、和谐、功能正常的家庭，奠定提升社会稳定、国家竞争力的基础，已经提升到了国家教育方针的议事日程。与我们距离很近的新加坡，一直重视家长和学校教育一起参与国家提倡的“共同价值观”教育，并强调家长要和学校一起有效协助子女成为良好公民。世界各发达国家重视家庭教育的发展趋势都给我们以启示，全球化背景下，家庭教育的地位、作用效果日益凸显，必须将家庭教育与学校教育结合起来，齐头并进，才能真正提高教育水准和国民素质，从而在国际上处于战略主动地位。

最后，注重家庭教育，也有利于传播中国传统文化，促进世界和谐。注重家庭教育，必然促进整理、发掘以中国古代优秀家风文化为代表的传统文化。中华民族是重视家庭、勤劳勇敢、爱好和平的民族，中国自古就有礼义之邦的美称。中国人民的许多优秀品质都体现在文化传承里，而家风传承正是中华文化传承的重要途径。从最早的周公家训，到《孔子家语》《礼记》，再到著名的《钱氏家训》《颜氏家训》《朱子家训》等等，无不渗透着仁义思想，闪耀着礼义文化的光辉，鼓励人们克勤克俭、积极进取、自强不息，塑造着中国人特有的君子人格和诚实守信、敬业乐群、清正廉洁的浩然之气。在全球化的背景和大国崛起的历史使命面前，在人文主义情怀逐步渗透生活各个层面，渗透心灵家园的当下，大力弘扬“和”“合”等中国传统理念，向世界讲述中国好故事、传播中国好声音，是促进世界和谐发展，共建人类命运共同体的现实需要。

（四）

正是基于这些考量，为进一步充分弘扬中华优秀家风、家教、家训传统，消化吸收全人类各民族所创造的优秀家风文化，为践行社会主义核心价值观提供丰富生动的思想资源，我们在充分调查研究的基础上，组织编写了这套丛书。

这套丛书力图以习近平同志系列重要讲话精神为指导，围绕中国古代家风、家教、家训中最突出且与社会主义核心价值观高度契合的十大主题，以中华民族为主，兼收并蓄人类历史上其他国家人民所创造的优秀家风文化，广泛吸收前人的研究成果和历史资料，以一种新颖的体例编著而成。

丛书内容围绕家风家教家训展开，但又不仅仅局限于家风、家教、家训的具体文本。每本书都包括以下六个部分，第一部分，对本书主题思想做较系统的介绍；第二部分，介绍该主题的历史传承；第三部分，讲述中外历史上凸显该主题的故事；第四部分，重点介绍该主题在中国历代家风、家教、家训中的反映；第五部分，是涉及该主题的中外名人名言；第六部分，是反映该主题的中外经典诗文或演讲的赏析。这是丛书的大致体例，但因为是多位作者编写，十大主题也各有特点，所以每本书都有自己的不同特色，个别章节体例也不尽相同，并未强求一律。

丛书的编写，得到了上海市教委有关领导的支持和鼓励，在此，我谨代表编委和作者深表谢意。另外，值得特别指出的是，本丛书在编写过程中，参考了大量学术论文、工具书等文献资料，一些引用在书中作了详尽的注释，一些参考书在书后列了附录。谨向各位原始作者致敬。还有一些流传较广的故事无法确知原始作者，因而在书中也无法注明，在此一并表示敬意。

十本书的主题和作者分别是:《修身养性》(樊波成)、《励志勉学》(郭馨馨)、《诚实守信》(何郁、张晓毓)、《克勤克俭》(樊波成)、《友善乐群》(张涛)、《敬业奉献》(蒋强、黄金火)、《清正廉洁》(杨敏)、《浩然正气》(袁雯君)、《自强不息》(刘辉兵、刘穆庭、李政华)、《家国情怀》(夏德元)。丛书体例由编委会共同设计，反复酝酿；各位作者在繁忙的工作之余，学习文件，领会精神，梳理资料，殚精竭虑，字斟句酌，终于交出了一部部书稿，在此也向他们表示感谢。由于本人工作头绪比较多，对具体编写工作关心较少，唯在书稿政治把关、学术规范等方面做了一些工作，水平所限，疏忽错漏之处还请读者批评指正。

曹文泽

于华东政法大学

目 录

第一章

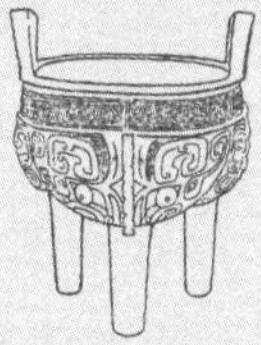

什么是克勤克俭

克勤克俭是物质精神财富的『聚宝盆』

克勤克俭更是一种精神力量

勤俭不是吝啬

1 克勤克俭是物质精神财富的“聚宝盆”

“克勤克俭”出自《尚书·大禹谟》，旨在说明“勤劳”和“节俭”两件事。我国最早的“字典”《尔雅》及《说文解字》对“勤”字所作的解释是:“勤,劳也。”“勤”字在我国古代文献中出现得很早，在记载上古先王事迹的《尚书》中，就多处出现了“勤”字，如“惟德之勤”“克勤于邦”“与民用勤”“勤思劳体”等等。其他重要的典籍，如《诗经》《论语》等等，都有与勤劳有关的内容。随着生产力的不断发展，以及人们生活领域的不断开拓，对“勤”便有了更高层次的认识与理解，它不仅局限于生产劳作，更体现于日益丰富的日常生活中，如勤奋工作、刻苦学习、勤于持家、勤奋创业等。常言道“书山有路勤为径，学海无涯苦作舟”，说的就是这个道理。可以说，时代不断变化，勤的表现形式与内涵也在变化，它始终与懒惰安逸相对，表现为为实现目标而吃苦耐劳、持之以恒、奋发进取的奋斗行为。

“俭”是指人们在占有和使用金钱、物质、时间、资源等事物时所把握的度。过度的花销或使用金钱、时间等资源做无意义的事情，就是奢侈。《左传》中说：“俭，德之共也；侈，恶之大也。”意思是俭作为大德，一切德行皆从节俭而来；侈作为大恶，所有恶行都从奢侈发端。可见，奢是相对于俭而言的恶德。

勤是指勤快，要勤于劳动，反对懒惰；俭是指节俭，要生活俭朴，反对奢侈浪费。前者是创造的过程，后者是对所创造资源、成果的利用和分享。勤劳和节俭联系紧密，崇尚勤奋向上的人，必定会珍惜来之不易的劳动成果，从而崇尚有节制的、朴素的生活方式；而崇尚有节制的、朴素的生活方式的人，也必然深知衣食日用之艰辛，因而也一定会崇尚勤奋、劳作的美德。只勤不俭，就如同竹篮打水，终将一空；只俭不勤，犹如流水断源，终会枯竭。因此，勤与俭如同手心手背联系在一起，不可分割。

“勤俭”虽然只有区区二字，却是获取物质和精神财富最为正规的手段。其中包括热爱劳动和学习、珍惜时间、艰苦朴素等内容。富裕人家用勤俭思想教育子女，使他们认识到，即使家庭富裕，也要养成勤俭行为，只有这样才能成才，才能立身扬名，家道才能兴旺不衰。广大穷苦人家则是迫于生计，不得不勤俭。“强本而节用，则天不能贫。”他们在困苦磨炼中自觉不自觉地养成了勤俭美德，形成了许多精打细算、勤俭持家的办法，如：“新三年，旧三年，缝缝补补又三年”等等。无论什么时代什么家庭，都会引导后来人以勤俭为获得成功的正道。近代著名人物曾国藩动身前往天津处理教案前夕给儿子们的永别训诫中有句话“求仁则人悦，习劳则神钦”，反映在腐败迷信的晚清王朝，官场充斥着腐败、勒索，多靠庇护和贿赂升官。他反复劝诫家庭成员养成勤劳的习惯，不走虚假的捷径，更不要相信八字风水。勤奋换来的才是实际的、能传诸子孙的财富，所以历史上的达官显贵，长盛兴旺之家不多，其家族败落则常常因其子孙逐渐骄奢淫逸，过不了两三代，便门第没落，日薄西山。但曾国藩兄弟五人的家庭至今已历两百年，绵延数代而人才辈出，在政治界、文化界、学术界有名望的人才达两百余人，古今中外实属罕见。爱国华侨陈嘉庚家财万贯，生活却十分简朴，他向来重视家风教育，经常告诫子女，应当自力更生、依靠自己的勤俭来获得财富。

2 克勤克俭更是一种精神力量

克勤克俭不仅是积聚物质财富的手段，也是保障个人身心自尊自强、不被欲望俘虏、保持头脑清醒的重要品质，更是支撑一个民族自立于世界民族之林的一种精神力量。

勤劳使人产生善良向上之心，只有勤勉敬业，才能修身齐家平天下。这大概就是《尚书》强调“克勤于邦”的道理；就是《孟子》强调“有恒产者有恒心”的道理；就是《墨子》强调“赖其力者生，不赖其力者不生”的道理。中国古代历史上有不少这方面的生动事例。春秋时期，鲁国人公父文伯有一天退朝回家，看见他的母亲敬姜正在纺麻，就说，像我们这样的士大夫阶层的人家，主人怎么还要纺麻呢？敬姜听后叹气说：让你这样不懂为官之道的孩子做官，鲁国怕是要亡国的。敬姜接着说了一段非常有名的话：“民劳则思，思则善心生；逸则淫，淫则忘善，忘善则恶心生。”意思是说：人民勤劳就会思考，有思考就会产生善良的心；反之，安逸就会缺乏节制，缺乏节制就会忘记善心，忘记善心就会产生邪念。（《国语·鲁语下》）

勤劳不仅是人类获得物质和精神财富的手段，也是勇往直前，克服困难，自强不息的磨砺。孟子说：

> 故天将降大任于斯人也，必先苦其心志，劳其筋骨，饿其体肤，空乏其身，行拂乱其所为，所以动心忍性，曾益其所不能。

大意为：上天将要下达重大使命给这样的人，一定要先使他的内心痛苦，使他的筋骨劳累，使他的身体经受饥饿之苦，使他受到贫穷之苦，使他做事不顺，通过这些来使他的心惊动，使他的性格坚强起来，增加他所不具有的能力。周易说："天行健，君子自强不息。"勤劳正是开发生命中应有的活力，奋发向上，从而克服物质和精神上的许多困难。孔子说"学而不厌,诲人不倦""发愤忘食,乐以忘忧,不知老之将至"，是说自己勤于治学和育人，以至于感觉不到自己变老。

同样，节俭是积累物质财富的手段，也是修身养性的重要内容，这是古人提倡节俭的重要原因。古人把消费的俭约和奢靡行为同人性欲望联系起来，他们认为纵欲必然奢靡，俭约需要节欲。他们提出尚俭杜奢的伦理目标,主张通过节制人性欲望来达到。在他们看来，人有欲望是正常的，必然的，但不能放纵无度，所以《老子》说：

> 五色令人目盲，五音令人耳聋，五味令人口爽，驰骋畋猎令人心发狂，难得之货令人行妨。是以圣人为腹不为目，故去彼取此。

老子这话的意思是：华丽的色彩，容易使人眼睛受到伤害；美妙的音乐，容易使人耳朵受到伤害；香美的食品，容易使人的口味受到败坏；纵情打猎，容易使人心发狂；稀有的商品，使人偷和抢，败坏人的品德。因此，圣人只求内在的涵养，而不为外在的虚荣，所以舍后者而取前者。孔子也认为"君子食无求饱,居无求安"(《论语·学而》)，墨子则说"节俭则昌，淫佚则亡"（《墨子·辞过》），老子说："罪莫大于可欲，祸莫大于不知足；咎莫大于欲得。故知足之足，常足。"（罪过没有比行私纵欲更为严重的，祸患没有比贪得无厌更为严重的，灾难没有比贪欲必得更为惨痛的。所以说懂得知足知止而心无贪求，才能经常适可而满足。）要按照道德原则控制约束自己的欲望和行为，要遵从礼义，守正祛邪，以义导欲。行为有度，取用有节。古人说:“人之情,孰无所欲！得其正而安之,不得其正则弃之,是为君子；得其正而溺之，不得其正而强遂之，是为鄙夫。”这明确指出了人要分析欲望的正邪，正当的欲望就支持，不正当的就抛弃，这才是君子；否则，正当的欲望沉溺其中不能自拔，不正当的欲望还要强求，就是浅薄卑劣的小人。还有古人指出：“为学之道，制欲为先。彼出而不能反，申而不能屈，必至溺其身，堕其名。博学智士，蹈此者多矣；此无他，欲败之也。”（唐甄《潜书》）就是说人应把控制自己的欲望放在第一位，如果欲望发出而不能收回，伸展开来而不能抑止，必然导致身心名誉的毁败。虽然这里讲的是治学的道理，实际上对其他的事情也有指导意义。按照传统的尚俭思想，节俭可聚福，奢侈必招祸。

纵观历史，大到邦国，小到家庭，无不是兴于勤俭，亡于奢靡。古往今来，成功的创业者大都经过艰苦奋斗的阶段，所以比较注意勤俭节约。但是对守业者来说则正好相反，他们没有经历过创业的艰辛，容易贪图奢侈享乐，最终的命运必然是事业的衰败，国家的灭亡。我们很多人在中学都学过这样一篇文章《伶官传序》，这是欧阳修编撰五代十国历史之时，有感而发的一篇文章：五代时的后唐庄宗李存勖，一开始励精图治，奋发有为，击败各个敌手称帝。但他后来沉湎于音乐戏曲，宠爱伶人，不思进取，部下作乱，伶人发难，在位三年就死于兵乱之中，欧阳修最后总结道：“忧劳可以兴国，逸豫可以亡身”，克勤克俭、艰苦奋斗是维持家庭、国家、民族长盛不衰的精神支柱。

3 勤俭不是吝啬

勤俭不仅和骄奢淫逸相对，和吝啬其实也是一个对立面。不及的花销与应用便是吝啬，是相对俭而言的恶德，即所谓吝则不俭，俭则不吝。俭既不是节衣缩食，也不是大手大脚，而是花销在有用的地方。所谓“有用”，便是墨子所说的量腹而食，度身而衣，即满足人们衣、食、住、行各方面的基本生活需要。俭是关乎资源消费数量上的态度，资源不仅包括金钱、衣物等直接的财物资源，还包括时间、树木、土地等创造财富所必需的间接资源。俭不是要大家不吃不喝，也不是放任消费，而是根据目的与客观条件，本着尽量朴素、节约的原则占有和使用资源。过度的花费就是资源的浪费，而不及的花费就是吝啬；过度的享受是纵欲，不及的享受则是违背情理。

勤俭与吝啬，一美一丑，一善一恶，若只论表面现象，看上去差不多，然而实际给人印象却是千差万别：在著名的四大吝啬鬼中，不论是巴尔扎克笔下的老葛朗台，还是果戈理笔下的泼留希金，他们有一个共同的特点，就是不仅对别人十分抠门和小气，甚至对自己也是如此，这才是吝啬鬼中的极品。比如老葛朗台有万贯家财，平时却舍不得花一分钱。泼留希金更是抠门得离谱，吝啬到极致。他富得流油，却从来不舍得穿一件好衣服，从早到晚把自己打扮得像一个乞丐。女儿成婚，他只送一样礼物——诅咒；儿子从部队来信讨钱做衣服也碰了一鼻子灰，连他的死活也毫不在意。但他还是尽可能地投机取巧，经他走过的路，就用不着打扫，甚至偷别人的东西等等。[①] 爱国企业家邵逸夫也同样是一位节俭的人，家道中落的他从家庭小作坊开始，逐渐建立起日后声名远扬的邵氏兄弟电影公司，其过程历经艰难，在南洋被蚊虫叮咬，在大海中抱着一小块木板漂泊一整夜，在抗战时期播放爱国电影被日本宪兵逮捕毒打等等，使他认识到创业维艰。凡别人送给邵逸夫的礼物，所有的包装盒、包装袋，邵逸夫都不会扔掉，留着下次使用。还有写过的纸，邵逸夫都不会随手扔掉，而是用裁纸刀将空白的地方裁剪下来，用作便签条。在外面吃饭的时候，哪怕剩下来两只包子，邵逸夫都会要求打包带走。他的饮食经常是青菜配饭，毫不奢侈。去马场赌马只下注十元，有次排队看到前面的人下注五百元，邵逸夫一看这个人是公司里的剧务，回头就要整顿作风。然而这样一位勤俭的富豪，却是香港最慷慨的企业家，他捐助社会公益、慈善事务超过一百亿港元。截至2012年10月，邵逸夫基金向内地教育捐款总额已达到四十七点五亿港元，捐建项目总数已达到六千零一十三个。他曾说："一个企业家最高的境界是慈善家。"

"俭"与"吝"的区别很有意思。清代汪辉祖的家训说："俭，美德也，俗以吝啬当之，误矣。省所当省，曰俭；不宜省而省，谓之吝啬。"颜之推在他的家训里说："然则可俭而不可吝已。俭者，省约为礼之谓也；吝者，穷急不恤之谓也。今有施者奢，俭者吝；如能施而不奢，俭而不吝，可矣。"（大意：对遭受贫穷之难的人不肯周济，就不是节俭，而是吝啬了。）古人还这样讽刺吝啬之徒，说："吝者自能致富，然一有事则为过街之鼠。"（徐学模《归有园麈谈》）春秋时期，中原霸主晋国召集诸侯会盟，晏婴奉命前去参加。来到晋国，接待晏婴的是

① 郦波：《中华家训智慧》，新蕾出版社2014年版，第133页。

晋国大夫叔向，二人初次相识，双方都不太了解。但看过晏婴的行装，叔向心头疑惑：你说你个人节约倒也罢了，但到底也是代表齐国会盟，这多少也算件大事吧，你打扮得这么寒酸干什么？接风酒宴上，叔向委婉地问晏婴："相国，叔向一直不清楚节俭与吝啬有什么区别，还请您指教一二。"晏婴一听，心想：这是在嫌咱寒碜了，不能在这个问题上丢了齐国的颜面。他认真地回答道："晏婴认为：节俭，是君子的品德；吝啬，是小人的恶德。正确衡量财物多寡，并且有计划地使用；富贵时不过分地囤积，贫困时也不向人借贷；不放纵私欲，不奢侈浪费，时时念及民众的疾苦——这就是节俭。反之，积累财富只图自己享受，而没有赈济百姓的想法，即使一掷千金，也是吝啬！"叔向肃然起敬，真诚地表示愿意与晏婴结交（《晏子春秋·内篇·问下》）。和很多人一样，晋国大夫叔向也分不清节俭和吝啬的区别，晏子认为统治者节俭就是将自己节俭的东西分给艰难时的民众。由此可见，勤俭节约是修身的一种方式，是严于律己的一种表现，通过在物质层面的自我约束，从而达到精神对物质的超越，最终塑造强大的心灵与博大的人生境界。而吝啬恰好相反，是精神向物质的屈服，是在横流的物欲中不知不觉的异化，是心灵堕落后最终被金钱奴役的可笑与可悲。[1] 所以吝啬是为自私，勤俭则是为了大众，所以勤俭完全不同于自私的吝啬，而是一种更高境界的慷慨。

① 郦波：《中华家训智慧》，新蕾出版社2014年版，第135页。

第二章

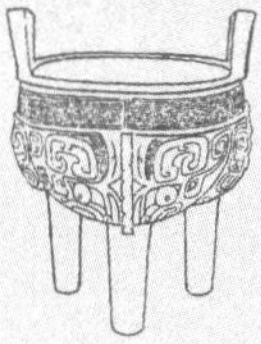

克勤克俭思想的历史传承

古代中国齐家治国的『宝典』

克勤克俭是近代民族工商业崛起的『资本』

克勤克俭是党的优秀作风

克勤克俭、艰苦奋斗不仅是中国优秀传统文化美德，是传统中国社会各阶层的共识，也是现代工商业兴起的重要手段，更是中国共产党的光荣传统和全国人民落实科学发展观、建设节约型社会、实现经济社会可持续发展的精神动力和源泉。

1 古代中国齐家治国的“宝典”

相传舜帝在执政三十三年之时，开始感到自己老耄昏聩，难以一一处理繁忙的政事，希望能有一位贤能之人来继承他的帝位。《尚书·虞书·大禹谟》记载说：

> 帝曰，来禹。降水儆予，成允成功，惟汝贤；克勤于邦，克俭于家，不自满假，惟汝贤。汝惟不矜，天下莫与汝争能。汝惟不伐，天下莫与汝争功。予懋乃德，嘉乃丕绩，天之历数在汝躬，汝终陟元后。

意思是说：“大禹，当年天降洪水来警戒我，能够言行一致，既在治理水土中成就功业，又在民众中建立威信的，就数你最贤；既能勤劳为邦，又能节俭持家，不自满自大，这也数你最贤。你正因为不自逞能，所以天下没有一个人敢与你争能；你正因为不自居功，所以天下没有一个人敢与你争功。我真诚赞美你的品德，嘉许你的大功。

天命已经降落到你的身上，你终将升任大君。”

尧帝时期，中原洪水泛滥，造成水患灾祸，百姓愁苦不堪，帝尧命令鲧治水，但历时九年仍未能成功，接着禹被任命为司空，继续治理洪水。治水期间，禹召集百姓，修改方法，历经十三年，终于成功治理水患。在十三年里，禹拿着测量仪器工具，翻山越岭，淌河过川，从西向东，一路测度地形的高低，竖立标杆，规划水道。他和治水的民工一起，走遍各地，根据标杆，逢山开山，遇洼筑堤，以疏通水道，引洪水入海。禹为了治水，费尽脑筋，不怕劳苦，风餐露宿，多次过家门而不入，更顾不上享乐，在泥水里疏通河道，把平地的积水导入江河，再引入海洋，彻底消除了当时的洪灾。在舜帝看来，禹之所以能担当自己的继承人，不仅是治水的功绩，也因为他克勤克俭的高贵品质。韩非子说，大禹之所以能统领天下，是因为他亲自拿着锹锄带领人们干活，大腿瘦得没有肉，小腿上的汗毛都磨没了，就是奴隶也比不上这样辛苦。千余年后，孔子也大为感慨地说："子曰：'禹，吾无间然矣。菲饮食而致孝乎鬼神，恶衣服而致美乎黻冕。禹，吾无间然矣！'"（《论语·泰伯》）意思是"大禹，我是找不出缺点来批评他啊！他对饮食很节俭，而尽心孝敬鬼神；自己穿的衣服很粗劣，而祭服却很华美；自己住的房子很简陋，而尽力修建沟渠水道。大禹，实在是完美无缺啊！"大禹克勤克俭的作风，赢得了百姓的信赖和追随，共同协助他疏浚河川，完成了时代的伟业。

古人深深懂得，"勤俭"二字为治生之道，而懒惰与奢侈浪费则是败家破国之祸首。因此，古人十分重视和提倡勤俭持家，以勤俭为美德，以懒惰为耻辱。先秦古书《尚书·君陈篇》说："惟日孜孜，无敢逸豫。"（每天都孜孜不倦努力工作，不敢贪图享受。）《尚书·周官》讲:“功崇惟志,业广惟勤。”(取得伟大的功业,是由于有伟大的志向;完成伟大的功业,在于辛勤不懈地工作。)《左传》说:“民生在勤,勤则不匮。”在传统的中国政治文化里,节俭一直和勤劳分不开。无论生产力发展到什么阶段,抑或是资源集中到什么程度,节俭都是保持家族邦国长治久安的美德。《周易·否·象传》说“君子以俭德辟难,不可荣以禄。”(君子要俭省节用来避免危难,切不可贪图自身的荣华富贵。)《荀子·天论篇》说:“疆本而节用,则天不能贫。”(开源节流,那么上天都不能使他贫穷。)所以节俭是中华民族长盛不衰的一大法宝,《老子·第六十七章》说:“我有三宝,持而保之:一曰慈,二曰俭,三曰不敢为天下先。慈,故能勇;俭,故能广;不敢为天下先,故能成器长。”

南唐道士谭峭《化书·俭化篇》说“一人知俭则一家富,王者知俭则天下富”,在传统中国社会,不同阶层的节俭有着不同的作用。平民阶层的节俭很简单,主要根源是物质产品不丰富,需通过节俭逐渐积累物质产品,以期达到物质生活的富裕。清代魏裔介说“民生在勤,勤则不匮。一夫不耕,必受其饥,一妇不蚕,必受其寒,是勤可免饥寒也。”(《琼琚佩语·勤俭》录《鹤林玉露》语)因此,他们对于不劳而获、不劳而食深表痛恶和谴责,先秦时期的《诗经·魏风·伐檀》就记录了这样的歌谣:“不稼不穑,胡取禾三百廛兮?不狩不猎,胡瞻尔庭有县貊兮?彼君子兮,不素餐兮?”他们还把不劳而获的统治者比作大老鼠,谴责道:“硕鼠硕鼠,无食我黍。三岁贯汝,莫我肯顾。”这些朴实的话语都充满了对不劳而获、骄奢淫逸者的质问与鄙夷。

有一些比较富裕的士大夫阶层也讲求节俭,不仅是为了延续家族的财富和荣耀,也是为了追求个人素养的提高,所谓“惟俭可以助廉，惟恕可以成德”（《宋史·范纯仁传》）。许多朝廷重臣为了维持家族的长盛不衰，往往也以此作为家训来教育子女。宋代司马光就写了《训俭示康》给他的儿子司马康，教导他应该崇尚节俭，在这篇家训中，他说：“俭能立名，侈必自败。”像他这样在家训中提倡节俭的还有宋代的王旦，他说：“我家盛名清德，当务俭素，保守门风，不得事于泰侈，勿得厚葬，以金玉置于柩中。”清代“中兴之臣”曾国藩就在给其弟弟的信中说：“吾惟以一‘勤’字报吾君，以‘爱民’二字报吾亲。才识平常，断难立功，但守一‘勤’字，终日劳苦，以少分宵旰之忧。”（《致沅弟季弟》）曾国藩在给其弟弟的信中还说：“俭之一字，弟言时时用功，极慰，极慰。然此事殊不容易，由既奢之后而返之于俭，若登天然。”（《至澄弟》）他在给其子曾纪泽的信中说：“居家之道，惟崇俭可以长久，处乱世尤以戒奢侈为要义。衣服不可多制，尤不宜大镶大缘，过于绚烂。尔教导诸妹，敬听父训，自有可久之理。”士大夫阶层作为传统社会的官员，也要求为官者做到勤政、廉洁，即勤奋工作、克己奉公、不奢不贪。宋人吕本所著《官箴》开宗明义，指出“当官之法，唯有三事：曰清，曰慎，曰勤”。历史上的清官，都有勤俭的美德。如北宋时期的包拯，不仅执法铁面无私，而且与官场奢侈之风作斗争，自身居家俭约，衣、食、住、行与常人无异。正是因为他勤劳节俭，才能为官刚直不阿，造福国家与黎民百姓。历史上的昏官、贪官，往往懒惰奢侈。司马光在《训俭示康》一文中说：“侈则多欲。君子多欲则贪慕富贵，枉道速祸。”意思是说，奢侈就会产生更多的欲望；一个人欲望多了就会贪图富贵，就会不走正道而招致灾祸，从而揭示了为官者俭必廉、奢必贪的必然规律。

历代有成就的封建统治者和士大夫阶层，即便是富甲天下的皇帝也提倡节俭，为了维护自身的剥削统治和社会的长治久安，懂得奖励耕织。从周代开始，封建君主大多在特定时间亲自耕田，以示重农勤耕。东汉明帝就让他的墓地显节陵露天扫地而祭，不讲排场，他是想率天下老百姓厉行节俭。魏文帝则说:“家有敝帚，享之千金。”皇帝的骄奢淫逸，轻则使国库空虚，国家衰落，重则使奢靡之风在全国盛行，国破家亡。太平天国农民政权，为了发展生产，严格规定:“立农者为贤为良，或举或赏;惰农者为恶为顽，或诛或罚。”历史证明，勤俭可以强国，懒惰奢侈则可以亡国。春秋战国时期，吴国攻打越国，双方实力悬殊，越王勾践兵败。后来，勾践忍辱负重、发愤图强，不仅以“卧薪尝胆”磨砺自己的意志，而且亲自扛上锄头下地干活，让夫人亲自纺纱织布，养蚕缫丝，以此来激励百姓恢复和发展农业生产。经过二十年勤奋创业，越国生产大发展，人民衣食无忧，越国由弱变强，终于将吴国打败。历代明君都重视历史的经验，非常注重勤俭在治国当中的作用。唐代诗人李商隐有诗云:“历览前贤国与家，成由勤俭败由奢。”

2 克勤克俭是近代民族工商业崛起的“资本”

鸦片战争后，中华大地内忧外患交相煎迫，贫穷、落后恶性循环，备受西方列强的欺凌，蒙受屈辱。特别是甲午战争后，清政府被迫签订的《马关条约》，“其割地驻兵之事，如猛虎在门，动思吞噬;赔款之害，如人受重伤，气血大损;通商之害，如鸩酒止渴，毒在脏腑”。从此，西方列强纷纷趁机强占中国领土，划分势力范围，掠夺中国路权、矿权，企图把中国变为原料供应基地、产品销售市场和资本输出场所。当时日本人断言，必“使中国五十年之后，不能自振，断不能再图报复”。然而中国近代民族工商业就是在这样一种艰难困苦的条件下，艰苦奋斗，开源节流，自尊自强地发展起来了。

清末状元张謇是中国近代最著名的实业家和教育家，他创办的各种公司一度“以数十计,资本总额几达三千万元”。起初决心投身“实业救国”的张謇在风气未开、见闻固陋的南通创办纱厂，在艰难中起步,在困境中进取。他到上海招股没有收获,甚至没有旅费回通州,只得在报纸上刊登广告，在四马路卖字三天，赚取旅费，堂堂状元竟然狼狈至此。然而张謇并没有被内外交困的环境吓倒，这段传奇性的经历，使从小就受到勤劳朴实传统美德熏陶的张謇不仅深刻体会到勤俭的重要，在“实业救国”实践中大力倡导勤俭办事，以身作则，而且对勤俭的内涵还作了鞭辟入里的阐述，给后人留下一笔宝贵的精神财富。他认为:“唯俭也，故嗜欲简而啬其精神。唯勤也，故摩练习而坚其骨筋。以是为富之本，寿之门。……俭可以养高尚之节，可以立实业之本，可以广教育之施。……苟能俭，则无多求于世界，并无求于国家。即使适然做官，亦可我行我意，无所贪恋，而高尚之风成矣。”所以即便是他的企业在黄金发展期，仍然高倡勤俭。1912年5月25日（农历）是张謇六十岁生日。他想，“与其一人一日无谓之糜费，不如使吾县境之内孤穷之老人得安其一日之生，同享厚地高天之乐”。于是决定将准备宴请客人的三千元用于建造养老院。当他得知家用一年要用去四千五百元时，心中大为不快，要吴夫人“加意管理,加意节省,每日菜蔬一腥一素已不为薄”。在创办、经营纱厂和盐垦公司的工作中,张謇往来其间,视察工事,不是步行,便是坐小车，很不喜欢坐轿子，平时二三十里路以内，到各处看工程,都是步行的时候多。晚年巡视河工,海滩上只有笨重土制的牛车,还是敞篷的，坐上去十分不舒服，他却泰然处之，每天行百十里路，连续坐好几天，没有丝毫的厌恶。他富而不贵，穿着简朴，平常穿的衣服大都有十年八年了，有几件差不多穿了三四十年之久；袜子、袄子如果破了，补了再穿，要补到无法再补才换新的。鞋底用旧布包成百叶五层。他粗菜淡饭，每天一荤一素一汤，没有待客，向来不杀鸡鸭。他对纸张非常爱惜，包药的纸或其他废纸都舍不得扔掉，拿来起草稿子或者写便条用。别人来信的信封，他翻过来重新使用。他用空酒瓶配上一个自制的塞子，寒天当汤婆子用。有时候他饭后抽一支小雪茄烟，漏气了就粘一纸条再抽，决不丢掉。他向来不喜欢赌博，连麻雀牌的名目张数都完全不懂，也从来不去问它学它。①

有了这样的经历，张謇也极为重视对子弟以及青年学子的勤俭教育。在当时欧风美雨的影响下，近代中国世风日下。随波逐流、趋炎附势者有之；及时行乐、追求安逸者有之；毫无阅历、徒知要高俸者有之；不耕而食、不织而衣的上中级游民逐渐增多，“席丰履厚之家，乘坚策肥之子，太甚而纤、无度而侈者比比”。当儿子出现懒惰的苗头时，他及时给予严厉批评：“儿能做者，须自己做，切勿习懒。记得儿五六岁时，吃饭拿凳皆要自己做，别人做辄哭，可见儿本性是勤。现在寄父之讯，尚托人写，是渐渐向懒，此大病也。儿须痛改！”他对儿子说：“做人须自做，专恃校规管束，教师督促，非上等人格也。”“刻意节俭，为自立之图，非常之备。此等事总在平日有分晓，若临时便无可措手。”②

张謇高倡勤俭，对于民族工业和近代教育都是有极大的贡献。

① 参见《张謇日记摘录》，民国元年，五/二十五。

② 唐文起：《張謇勤俭思想略论》，《江苏近代经济史探讨》，江苏大学出版社2013年版，第364页。

毛泽东主席在谈到中国民族工业时曾说:“轻工业不能忘记海门的张謇”。

邓小平同志指出:“中国的民族资本家很多都是艰苦奋斗出来的,他们办企业比我们高明。”张謇的勤俭不是个例,而是近代民族工商业的代表,带着这一无形资产,民族资本家们纵横南北、漂洋过海。如今之所以唐人街遍布世界,就是凭着中国人那双勤劳的手打出来的。那些当初下南洋、下西洋讨生活的祖辈,虽然在异国他乡语言不通,人地两生,经济更是窘迫,但是他们相互扶携帮衬,很快就能在当地落地生根。他们做当地人不愿意做的粗重工作,克勤克俭,团结互助。在度过最初几年困难时期后很快发展起了自己的事业。纵观世界各地华人区的发展历史,我们不难发现,实际上这也是一部华人创业发展的历史。中华民族聪明智慧、吃苦耐劳、辛勤开拓的精神,让那些身无分文来到异国的华人不但能够立足扎根,甚至还枝繁叶茂,硕果累累,也为当地经济的繁荣与发展作出了贡献。①

3 克勤克俭是党的优秀作风

克勤克俭不仅是我国的传统美德,也是中国共产党的一大优良作风,我们党为争取民族独立和国家解放的斗争史,就是一部克勤克俭、艰苦奋斗的创业史。中国革命是在半殖民地半封建社会里、在敌强我弱的情况下进行的,是在落后的农村发生、发展与壮大的。

① 左梅香主编:《家教宝典》,中国文史出版社2005年版,第385页。

面对强大的敌人，我们党没有畏惧；面对失败与挫折，我们党没有悲观失望；面对难以想象的艰难困苦，我们党没有退缩。只有发扬艰苦奋斗精神，渡过难关。1939年5月，在《国民精神总动员的政治方向》一文中，毛泽东自豪地说："我们民族历来有一种艰苦奋斗的作风，我们要把它发扬起来。……坚定正确的政治方向，是与艰苦奋斗的工作作风不能脱离的，没有坚定正确的政治方向，就不能激发艰苦奋斗的工作作风；没有艰苦奋斗的工作作风，也就不能执行坚定正确的政治方向。"从井冈山精神到长征精神，从延安精神到西柏坡精神，中国革命精神的核心，就是艰苦奋斗的精神和优良传统。中国共产党正是凭着这种精神，经过八年的艰苦抗战，最后彻底战胜了日本帝国主义。1949年3月，党中央在河北省平山县西柏坡召开七届二中全会，毛泽东提出了"两个务必"的论断，即务必保持我党谦虚谨慎、不骄不躁的革命传统，务必保持艰苦奋斗的革命精神。告诫全党，始终要保持共产党的政治本色：

我们很快就要在全国胜利了。这个胜利将冲破帝国主义的东方战线，具有伟大的国际意义。夺取这个胜利，已经是不要很久的时间和不要花费很大的气力了；巩固这个胜利，则是需要很久的时间和要花费很大的气力的事情。资产阶级怀疑我们的建设能力，帝国主义者估计我们终久会要向他们讨乞才能活下去。因为胜利，党内的骄傲情绪，以功臣自居的情绪，停顿起来不求进步的情绪，贪图享乐不愿再过艰苦生活的情绪，可能生长。因为胜利，人民感谢我们，资产阶级也会出来捧场。敌人的武力是不能征服我们的，这点已经得到证明了。资产阶级的捧场则可能征服我们队伍中的意志薄弱者。可能有这样一

> 些共产党人，他们是不曾被拿枪的敌人征服过的，他们在这些敌人面前不愧英雄的称号；但是经不起人们用糖衣裹着的炮弹的攻击，他们在糖弹面前要打败仗。我们必须预防这种情况。夺取全国胜利，这只是万里长征走完了第一步。如果这一步也值得骄傲，那是比较渺小的，更值得骄傲的还在后头。

新中国成立后，毛主席反复教育党员干部：艰苦奋斗、克勤克俭是党员的政治本色。

改革开放后，邓小平十分重视艰苦奋斗精神的传承与发扬，他曾指出："要有艰苦奋斗的创业精神。我们要搞中国式的现代化，我们还很穷，就是要老老实实地创业，就是要吃点苦，否则不可能有今后的甜。人民生活只有随着生产的不断发展，才能得到逐步改善。艰苦创业，首先要我们党员、干部，特别是高级干部带头。一定要努力恢复延安的光荣传统，努力学习周恩来等同志的榜样，在艰苦创业方面起模范作用。艰苦奋斗是我们的传统，艰苦朴素的教育今后要抓紧，一直要抓六十至七十年。我们的国家越发展，越要抓艰苦创业。"提倡艰苦创业精神，也有助于克服腐败现象。1997年1月，江泽民指出，十一届三中全会以来，党中央和邓小平同志一直强调，领导干部必须艰苦奋斗，密切联系群众，崇尚节俭，厉行节约，反对铺张浪费。但是，这个问题没有引起普遍的重视，许多地方和部门抓得不够，以至奢侈浪费成风。奢侈浪费既是消极颓废的表现，也是腐败问题得以产生和蔓延的温床，如果现在再不引起大家的高度重视，不坚决予以整治，后果不堪设想。我们党是靠艰苦奋斗起家的，也是靠艰苦奋斗发展壮大、成就伟业的。没有艰苦奋斗，就没有我们党今天的局面。艰苦奋斗作为我们党的优良传统和作风，作为我们马克思主义政党的政治本色，是凝聚党心民心、激励全党和全体人民为实现国家富强、民族振兴共同奋斗的强大精神力量，是我们党保持同人民群众血肉联系的一个重要法宝。2006年3月，胡锦涛同志看望政协委员时发表关于树立社会主义荣辱观的讲话，特别强调了“以辛勤劳动为荣、以好逸恶劳为耻”和“以艰苦奋斗为荣、以骄奢淫逸为耻”两点。[①] 2012年12月4日，中共中央政治局召开会议，习近平总书记强调，要坚持勤俭办一切事业，坚决反对讲排场比阔气，坚决抵制享乐主义和奢靡之风。要大力弘扬中华民族勤俭节约的优秀传统，大力宣传节约光荣、浪费可耻的思想观念，努力使厉行节约、反对浪费在全社会蔚然成风。

① 梅黎明:《精神永存：中国共产党精神概说》，中国发展出版社2014年版，第165页。

第三章

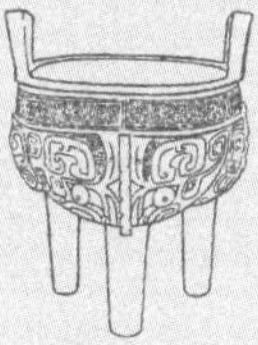

克勤克俭的趣闻轶事

中国传统的克勤克俭经典故事

外国名人的克勤克俭故事

近代名人的克勤克俭故事

1 中国传统的克勤克俭经典故事

（1）重耳饱不忘饥

公元前654年前后，晋国发生了内乱，晋国国君晋献公听信谗言，认为二儿子重耳要篡夺王位，于是便下令捉拿他，打算将他处死。重耳为了逃命，赶忙带领几个随从亲信逃离晋国，开始了九年的漫长流浪生活，尝遍了人间的苦辣。最后当他流亡到秦国的时候，秦国国君穆公和夫人穆姬非常喜欢重耳，于是便将女儿嫁给了他。秦穆公非常清楚女婿重耳的遭遇，决定出兵攻打晋国，以便让重耳登上国君的位子。公元前636年，秦穆公亲率大军来到黄河渡口，在此兵分两路，一路大军随重耳渡河，另一路大军在岸边待命。与秦穆公道别后，重耳上了船。开船时他发现家臣壶叔将自己逃难时穿过的衣服、用过的器具全都装船上去。看到这种情况，重耳大笑，说道："壶叔你也太小气了，我就要当国君了，回去后什么都有，还留着这些干什么？赶快丢掉吧，免得回去让人看了笑话。"壶叔听完重耳的话，十分生气，他气愤地说："公子你怎么忘了我们出亡的九年里，这些东西一直陪伴着我们，才使得我们得以平安地活下来，怎么能随便丢了它们呢？"

重耳一心想着回去做国君，根本听不进壶叔的话。看到这种情形，一直站在旁边的老臣狐偃跪在了重耳面前，说道："公子呀，现在就要渡河了。一回老家，您就是晋国国君。那时内有大臣辅助，外有秦国支持，显然十分稳妥。我想继续留在秦国，做您的外臣（在外国的臣仆）。这块白玉是我的一点心意！”

重耳听完狐偃的话，非常羞愧，觉得这件事的确是自己不对，便说：“这全是我的不对，我重耳绝不是忘恩负义之人，我不会忘记我们共患难的日子。我们要有难同当，有福同享。”

重耳到晋国以后，做了晋国的国君，他就是赫赫有名的晋文公。晋文公一直牢记自己在黄河边上的誓言，节俭自励，励精图治，将晋国建成了春秋时期的一个强大国家，晋文公也成为“春秋五霸”之一①。

（2）晏婴节俭辅国

晏婴（？—前500年），字平仲，后人又尊称他为晏子。晏婴出生于齐国贵族，长期居于要职，在当时列国间享有很高的声望，他在个人生活方面一向清廉而俭朴，受到后人的高度赞扬。司马迁说：如果晏子活到现在，我即便为他执鞭驾车，也感到十分幸福。

春秋时代，宗法贵族的生活是非常奢侈的。为了显示高贵的身份和门第，贵族们平日乘坚策肥、列鼎而食，遇到丧葬、祭祀等礼仪活动更是大事铺张。这种以残酷剥削广大平民和奴隶为前提的纵情享乐，浪费了大量财物，同时又进一步刺激起贵族们攀比夸饰的虚荣心理。进入春秋中期以后，很多国家的卿大夫通过不断聚敛，日益强大起来。这些刚刚崛起的暴发户，在有了雄厚的经济、军事实力之后，又开始谋求相应的政治权力。于是，卿大夫僭用诸侯或天子礼乐制度的事情相继出现，旧的靡费之外又增添了新的靡费，使社会日益动荡不安。接受过传统贵族教育的晏婴看到这一切，深感毫无节制的铺张将危及整个社会的安宁，他决心用自己的行动来

① 金波、卢德娥：《青少年成长美德书》，北京工业大学出版社2012年版，第154页。

扭转这种腐朽堕落的社会风气。

公元前556年，晏婴的父亲、齐国大夫晏弱死去。当时，卿大夫的丧礼是非常隆重的，单就送葬规模来看就已十分惊人。送葬时，在前面和左右两侧牵引柩车的人成百上千，为使送葬队伍顺利通过，出殡前常常需要重新拓宽道路，甚至不惜拆除一些重要的建筑设施。这种耗费大量人力物力的丧仪，除了能维护贵族的体面外毫无意义。为矫正时弊、警醒世人，年轻的晏婴顶住流俗的压力，勇敢地对传统丧仪作了改革。按照礼制规定，为晏弱送葬时应有遣车（装载随葬牲体的送葬车）五辆，晏婴却只安排了一辆遣车。按规定灵柩下葬后主持丧礼者还要请参加葬礼的宾客们聚会一番，举行繁琐的拜宾、送宾等仪式，晏婴减掉了这套程序，安葬完毕即返回家中，让送葬的亲朋好友自行离去。对这种违背常情的做法，当时人们感到大惑不解。有一次，孔子的弟子曾参说："世人难以理解晏子的良苦用心！当国家混乱无道时，一个君子是耻于礼仪完备的。国家奢侈成风，君子就应大力提倡俭朴，丧仪的简化正是晏子的高明之处。"

晏婴生活的时代，正是齐国政局最为混乱的时期。在新老卿族之间，以及卿族与国君之间，围绕着权力和财产的再分配，展开了尖锐激烈的斗争。晏婴认识到聚敛无度的危害，因此，他在担任大夫后有意识地独立于争权夺利的漩涡之外，始终不渝地奉行俭朴廉洁的生活原则。

公元前548年，权臣崔杼杀死齐庄公。晏婴对庄公的为人虽有不满，但从维护礼制的立场出发，还是毅然来到崔氏门外，伏在庄公尸体上痛哭一场，以示对弑君者的抗议。崔杼手下人建议杀掉晏婴，崔杼考虑到晏婴在民众中享有极高的威望，未敢妄动。不久，崔杼拥立齐景公，自任为相，以另一位权臣庆封为左相，并召集国人在齐国祖庙中发誓立约，要求人们服从崔、庆二氏的统治。晏婴挺身而出，打断崔氏的誓词，表示自己只拥护忠君利国的人。时隔一年，庆封消灭崔氏，独操齐国政柄。继之，齐国公族子雅、子尾等又发动政变，驱逐庆氏，恢复了公室的统治。事后，为表彰晏婴当年反对崔、庆专权的举动，齐景公特将山东邶殿的六十座小邑赐给晏婴，晏婴却拒绝接受。子尾问道："凡人没有不求富裕的，你为什么不接受赐邑呢？"

晏婴回答说："人在富裕方面必须有个限度，不可一味追求欲望的满足。庆氏的封邑满足了他的欲望，也恰恰导致了他的灭亡。我现有的俸禄当然不够丰腴，加上邶殿六十邑后也许会感到满足，但这样一来恐怕就要大难临头，连原有的小邑也难保住了。我不接受邶殿之邑，并非生性厌恶富裕，而是为了巩固现在仅有的家业。况且按照礼制的要求，每人占有的财富必须符合制度，就像布幅要有一定的宽度一样。为富不仁，见利忘义，贪婪纵欲，只能自取灭亡。我岂能为满足自己的私欲而破坏国家的制度？"

因为晏婴品德高尚，又很有治理国家的才能，因此齐景公非常喜欢这位贤臣。晏婴的房子十分简陋，齐景公知道后，便打算为他盖一座新的，于是齐景公便将这个想法告诉了晏婴。晏婴赶忙回答说："大王，多谢您对我的关怀，可是我的祖祖辈辈一直都住在这儿，相比起他们来，我的才能非常平庸，没有什么理由去住豪华的房子。再说我的家紧挨着市场，买起东西来比较方便。我看还是住在这儿为好。"晏婴这一番话说完，齐景公一时还想不到更好的劝说理由，心里对这位臣子肃然起敬。

没过多久，晏婴就出使晋国了，齐景公趁晏婴这次外出的机会，派人将他的那座破旧房屋修建一新。为了改善房屋周围的环境，官吏们还强令周围的平民统统搬走。晏婴从晋国回来，发现新房已经建成，而且周围的居民也不见了，他立刻明白了其中的原因，于是他赶忙去拜见齐景公，再一次陈述了自己的想法。紧接着，他便吩咐手下的官吏将新房拆掉，恢复原样。他还亲自到原来的邻居们家中一一道歉，并派人请他们搬回原来的住处。

晏婴回家以后，再次吩咐家人："我活着的时候要和这些平民百姓住在一起，死了以后也要与他们为伴。"晏婴去世以后，家人遵照他的愿望，将他安葬在自家的院子里。晏婴的高尚品格使他赢得世世代代的称赞和尊敬。唐代贞观年间（627年—649年），为保护晏子遗迹以供世人瞻仰，朝廷曾专门颁布法令，禁止人们在晏子墓区十五步内打草砍柴。[①]

（3）杨震拒礼

在东汉时期，有一个非常出名的学者，名字叫杨震。由于他学问渊博，所以前来求学的人非常多。

杨震只收学生很少一部分学费，以维持正常的教学，始终过着俭朴的生活。他一面教书，一边利用闲余时间种菜。学生们见他的生活这么艰辛，就主动多交一些学费，可杨震从来不收，总把多余的部分退还给学生。他时常教育学生要保持勤俭的生活作风，以言传身教向他们传递"俭以养德"的人生哲理。

五十岁时，杨震在朋友的推荐下做了官，由于他一身正气，加上学识渊博，很快被提拔到东莱太守。赴郡途中路过昌邑，他从前举荐的荆州秀才王密担任昌邑县令，前来拜见杨震。夜里，王密怀揣十斤金子来送给杨震，杨震说："我了解你，你不了解我，为什么

① 武可贤:《中华魂丛书：勤俭卷》，山东人民出版社1992年版，第128—132页。

呢？”王密说:“深夜里没有人知道。”杨震说:“上天知道，神明知道，我知道，你知道。怎么说没有人知道呢！”王密拿着金子羞愧地出去了。后来杨震调动到涿郡任太守。他本性公正廉洁，不肯接受私下的拜见。他的子子孙孙常吃蔬菜，步行出门。他的老朋友中有年长的人想要让他为子孙开办一些产业，杨震不答应，说:“让后代被称作清官的子孙，把这个馈赠给他们，不也很优厚吗？”①

（4）节用的陶侃

陶侃是两晋时期著名的军事家和政治家。陶侃曾经外出游览，看见部下有人拿着把没熟的稻穗，陶侃问拿着这个干什么，那人说走路看见了随便拔来的。陶侃特别生气地说:“你既然不种地，竟还糟蹋人家的稻子。”命人对他进行了惩罚。陶侃爱护庄稼而执法严明，这件事情传到老百姓耳朵里，大家感到十分高兴，更加勤劳地种庄稼，结果那一年的稻子有了一个好的收成。

陶侃在日常生活中注重勤俭节约，常对部下说:“不要小看了那些小东西，到了关键时候，它们派的用场可大着呢！”有一次，陶侃接受了组织建造船只的任务，在视察造船下地的时候，细心的陶侃发现满地都是木屑和竹片，就命人将这些木屑和竹片收集起来，保存到仓库里。大家都觉得十分奇怪，不知道陶侃要用这些东西去做什么。

没过多长时间，下了一场大雪，天晴之后，积雪开始融化，道路变得十分泥泞，这给行人带来很大不便。大家知道只要在路上洒一些干燥的沙土就可以了，可是一时之间到哪儿去找干燥的沙土呢？这时，陶侃却不慌不忙，他让人将从前收集的木屑撒在路上，泥泞

① 宋林飞:《中华传统美德丛书：荣辱卷》，南京大学出版社2013年版，第107页。

的道路立刻顺畅了。又过了一些时候，由于战事的需要，要造一批战船，可竹子不够用了。这时候，陶侃又让人把存放的竹片拿出来，削成竹钉，这样节约了很多竹子，保证了船只制造的顺利进行[①]。陶侃这种勤俭的做法对其他官员影响很大，大家知道这些事情以后，都十分佩服他这种勤俭办事的精神。

（5）“人为财死”的石崇

石崇，祖籍渤海南皮（今属河北），生于青州，小名齐奴。石崇年少敏慧，勇而有谋，二十余岁任修武县令。元康初年，石崇出任南中郎将、荆州刺史。到荆州任刺史期间，石崇让部下化装成强盗抢劫过往客商，以此方式积累下了自己的财富，生活奢豪。

在晋朝那个时代，从上流社会权贵精英，到世族子弟，他们崇尚玄学和老庄哲学，以颓废和无作为为荣。世族子弟的主要生活内容就是吃喝玩乐和斗富，石崇显然是世族子弟中斗富的胜出者。

石崇的财产山海之大不可比拟，宏丽室宇彼此相连，后房的几百个姬妾，都穿着刺绣精美无双的锦缎，身上装饰着璀璨夺目的珍珠美玉宝石。凡天下美妙的丝竹音乐都进了他的耳朵，凡水陆上的珍禽异兽都进了他的厨房。据《耕桑偶记》载，外国进贡火浣布，晋武帝制成衣衫，穿着去了石崇那里。石崇故意穿着平常的衣服，却让从奴五十人都穿火浣衫迎接武帝。石崇的姬妾美艳者千余人，他选择数十人，妆饰打扮完全一样，乍然一看，甚至分辨不出来。石崇刻玉龙佩，又制作金凤凰钗，昼夜声色相接，称为“恒舞”。每次欲有所召幸，不呼姓名，只听佩声看钗色。佩声轻的居前，钗色艳的在后，次第而进。侍女各含异香，笑语则口气从风而飏。石崇

① （宋）司马光著:《资治通鉴》，万卷出版公司2000年版，第317页。

又洒沉香屑于象牙床，让所宠爱的姬妾踏在上面，没有留下脚印的赐珍珠一百粒；若留下了脚印，就让她们节制饮食，以使体质轻弱。因此闺中相戏说："你不是细骨轻躯，哪里能得到百粒珍珠呢？"

石崇的厕所修建得更是华美绝伦，准备了各种的香水、香膏给客人洗手、抹脸。经常有十多个女仆恭立侍候，一律穿着锦绣，打扮得艳丽夺目，列队侍候客人上厕所。客人上过了厕所，这些婢女要客人把身上原来穿的衣服脱下，侍候他们换上了新衣才让他们出去。凡上过厕所，衣服就不能再穿了，以致客人大多不好意思如厕。官员刘寔年轻时很贫穷，无论是骑马还是徒步外出，每到一处歇息，从不劳累主人，砍柴挑水都亲自动手。后来官当大了，仍是保持勤俭朴素的美德。有一次，他去石崇家拜访，上厕所时，见厕所里有绛色蚊帐、垫子、褥子等极讲究的陈设，还有婢女捧着香袋侍候，忙退出来，笑对石崇说："我错进了你的内室。"石崇说："那是厕所！"刘寔说："我享受不了这个。"遂改进了别处的厕所。

石崇与皇帝的舅舅王恺斗富，更是出尽风头。王恺饭后用糖水洗锅，石崇便用蜡烛当柴烧；王恺做了四十里的紫丝布步障，石崇便做五十里的锦步障；王恺用赤石脂涂墙壁，石崇便用花椒。晋武帝暗中帮助王恺，赐了他一棵二尺来高的珊瑚树，枝条繁茂，树干四处延伸，世上很少有与其相当的。王恺把这棵珊瑚树拿来给石崇看，石崇看后，用铁制的如意击打珊瑚树，随手敲下去，珊瑚树立刻碎了。王恺察觉后感到很惋惜，继而认为石崇是嫉妒自己的宝物，石崇说："这不值得发怒，我现在就赔给你。"于是命令手下的人把家里的珊瑚树全部拿出来，这些珊瑚树的高度有三尺四尺，树干枝条举世无双而且光耀夺目，像王恺那样的就更多了。王恺看了，遂露出失意的样子。

石崇修建了金谷园别墅，周围几十里内，楼榭亭阁，宛如宫殿，里面养了上千侍妾，还有他最爱的女人绿珠。当石崇的靠山贾谧倒台后，他那巨大的财富成为乱世中他人觊觎的对象。石崇的外甥欧阳健曾得罪孙秀，孙秀得志后就向他索要绿珠，石崇不给，于是被诬为乱党夷三族。绿珠也被逼坠楼而亡。

最终，石崇在东市断头台上被砍头之前，叹息道，“这帮人还不是为了我的钱财”。押解石崇的人说道，“你既然知道人为财死，为什么不早些把家财散了，做点好事”。[1]

（6）俭奢关乎兴亡的魏徵

魏徵（580年—643年），字玄成，唐魏州曲城（今河北巨鹿）人，我国历史上著名的政治家和史学家，官至谏议大夫、左光禄大夫，封郑国公。他不但以勇于进谏、监察朝政而名垂青史，而且一生崇尚节俭，持身清廉。

魏徵前后向太宗进谏二百多次，所提意见贯穿了一个主导精神，即“居安思危，戒奢以俭”。贞观中后期，国家形势越来越好，李世民对开创初期的困境渐渐淡忘，励精图治的锐气渐渐消磨，滋长了奢侈之心。贞观十一年（637年），李世民在洛阳建飞山宫，魏徵当即上了一个奏章，向李世民指出：“隋炀帝恃其富强，不虞后患，穷奢极欲，百姓穷困，以至身死人手，社稷为墟。陛下拨乱反正，宜思隋之所以失，我之所以得，撤其峻宇，安于卑宫。若因基而增广，袭旧而加饰，则以乱易乱，殃咎必至，难得易失，可不念哉！”李世民听罢，思忖再三，下决心停修了飞山宫。又有一次，李世民巡幸洛阳，路上住在显仁宫，常对生活供应不满意，发脾气责罚下人。

① 胡贤林编著：《速读中国历史》，中国致公出版社2011年版，第131—133页。

魏徵认为这个苗头不好，提醒李世民说："陛下认为供应不好而发脾气，将来上行下效，开了这个风气，就会弄得民不聊生。隋炀帝巡游，每到一地，就因下面不献食物，或供奉不精而责罚，无限制地追求享受，百姓负担过重，结果灭亡。陛下怎么能效法隋炀帝呢？今天这样的供应，如果知足，就算可以了；如果不知足，即使比今天再奢侈一万倍，也难以满足。"李世民听了很受震动，说道："非公不闻此言！"

贞观十五年（641年），李世民于益州造绫锦金银等物，魏徵就进谏说："金银珠宝，妨农事也。锦绣纂组，害女工者也。一夫不耕，天下有受其饥；一女不织，天下有受其寒。"希望李世民尽量节省奢靡之费。

魏徵不断劝谏皇上节俭省费，爱惜民力，他自己在生活中则更加严格要求。早在青年时代，就不治家产。官至卿相，仍保持朴素作风。"所居室屋卑陋"，李世民几次"欲为营私"，帮他建造新房，都被他坚决拒绝了。

魏徵由于操劳过度，一病不起。李世民派人探视，派名医诊治，见魏徵居处，连一个待客的正厅都没有，下令限期为他临时建造了一个客厅。又根据魏徵一贯俭朴的习惯，赐给他素色的褥子、布被、几案、手杖等一套用品，以补家中之缺。魏徵弥留之际，李世民亲自探视，问他还有什么要求，魏徵只说了一句话："嫠不恤纬，而忧宗周之亡！"意思是寡妇不愁织布的纬线少，只担心国家的兴亡。李世民为之"悲懑，拊之流涕"。魏徵去世后，李世民下令以一品官葬礼治丧，魏夫人辞谢说："徵素俭约，今假一品礼，仪物褒大，非徵志。"李世民遵从魏徵遗志，改用薄葬。素车，白布幨帷，无涂车，刍灵，陪葬昭陵。[1]

（7）范仲淹：由奢入俭难

范仲淹是北宋著名的政治家、文学家和教育家。他出生于一个破落名门之后，两岁时，父亲不幸逝世，其母谢氏贫困无依，只好带着尚在襁褓中的范仲淹改嫁一户朱姓人家。

范仲淹自小读书就十分刻苦。虽然朱家是长山的富户，但他为了励志，二十一岁时去附近长山上的醴泉寺读书，经常一个人伴灯苦读，直到东方欲晓，僧人们都起床了，他才和衣而卧。他日常生活极其艰苦，每天只煮一锅稠粥，凉了以后划成四块，早晚各取两块，拌上一点儿韭菜末，再加点盐，就算是一顿饭。但他对这种清苦生活毫不介意，将全部精力用于在书中寻找着自己的乐趣。范仲淹看不惯朱家兄弟奢侈浪费，无所事事，便多次规劝，不料，朱家兄弟听得不耐烦，有次便脱口说道：我们花的是朱家的钱，关你什么事？范仲淹听了一怔，觉得话中有话，便追问为什么。有人告诉他：你乃姑苏范氏之子，是你母亲带你嫁到朱家。这件事使范仲淹深受刺激和震动，下决心脱离朱家独立生活。于是他匆匆收拾了几样简单的衣物，佩上琴剑，不顾朱家和母亲的阻拦，流着眼泪，毅然辞别母亲，离开长山，独自前往南京求学去了。

范仲淹十分珍惜崭新的学习环境，昼夜不息地攻读。一次，真宗皇帝路过南京，大家都争相前去观望，范仲淹却闭门不出，诵读如旧。一位同学怪他怎肯错过观望皇上的良机，他却回答：日后再见，也未必晚。范仲淹的一个同学、南京留守（南京的最高长官）的儿子看他终年吃粥，便送些美食给他。他竟一口不尝，听任佳肴发霉。

---

① 杨明辉编著：《中华传统美德丛书：勤俭卷》，南京大学出版社2013年版，第131页。

直到人家怪罪起来，他才长揖致谢说:“不是我不感谢你们的好心，只是因为我吃粥吃久了，心里安定，你如今要我享用如此丰盛的饭菜，以后的日子里我怎么会平静安心地再吃下这些粥呢？”①

（8）“乞丐皇帝”朱元璋

明太祖朱元璋自幼父母双亡，沦为乞丐，后又遁入空门。他走投无路，参加了义军，从此南征北战，一步步走上了中国历史的舞台。从小目睹百姓生活艰辛和前朝政治腐朽的朱元璋倡导节俭，认为“自古王者之兴未有不由于勤俭，其败亡未有不由于奢侈”。这是他总结历代兴亡告诫后人的一句名言。他在位三十年间，大力提倡节俭，反对奢侈浪费。

至正二十三年（1363年），朱元璋击败长江上游的割据势力陈友谅，次年自立为吴王。在南京营造宫室时，负责工程的官员把宫殿的设计图样拿给他看，他把过于奢华的部分都去掉了。不仅如此，工程完工后，他还让博士熊鼎类等将骄奢淫逸而亡国的历史掌故写在墙壁上，让大家引以为戒。

1368年，朱元璋在南京正式称帝。他把提倡节俭、反对奢侈提到国家兴亡的高度来认识。他命令有关部门一概用铜代替车轿须用金子装饰的部分。有人认为这项费用小，算不得什么，他却正色道：天子富足四海，不是吝惜这一点，节俭是我提倡的，我自己不以身作则，有什么理由让大家这样做呢？况且奢侈腐化以至误国，追其根源都是由小到大的。洪武六年（1373年），山西潞州进贡人参。朱元璋说：国家的任务在养民，哪有以个人的口腹之欲而累民的道理。洪武七年（1374年），西番酋长以所造葡萄酒上贡，朱元璋命令退回

① 杨明辉编著：《中华传统美德丛书：勤俭卷》，南京大学出版社2013年版，第140页。

去，并赏赐给绸缎衣物，让他们不要再贡。他对中书省官员说：饮食衣服贵乎有常，常情之外的贪求会带来无穷祸害。如西域葡萄酒，在元代供求的使者络绎于道路，使沿途百姓饱受痛苦，朕岂能再以此殃民。回族商人进贡一种番香叫阿剌吉，华语称蔷薇露，说是能够治疗心病，还可以调粉作妇女的化妆品。朱元璋也予以拒绝，说：中国药物可以治心病的很多，这种东西不过是修饰容颜，只能引诱人的奢靡之心。

朱元璋对他的嫔妃太监要求也很严格。包表笺的包裹绣有金龙，朱元璋命宫人将金粉清洗出来，积少成多，铸成金块。还命宫人将做衣服剩下的绸缎片缝成百衲被面。有一天，他回到后宫，见到地上散乱着一些零碎丝绸，便把嫔妃们全部召来，给她们算一笔百姓养蚕织丝应役纳赋账目，而后下令，再有这样泼洒浪费的，严加惩处。一天，大雨如注，遍地积水，朱元璋见两个小内监穿着新靴子在雨水中行走，便把他们召到面前，训斥道：一双靴子虽然不值多少，却是出自百姓之力，要费好多工夫才能做成。尔等为何不爱惜，甘心如此糟践！遂命拖出去打板子，并对左右大臣说：大抵人经历过艰苦之后，自然节俭，如果整天生活在富贵中，则往往侈靡。同时下令：自今为始，百官上朝遇着雨雪，允许穿雨衣雨靴。

由于明太祖提倡节俭，反对奢侈浪费，再加上政治、军事等方面一系列有力措施的实施，他统治的明王朝日益巩固，社会经济得到迅速恢复和发展。

（9）廉吏第一“于青菜”

于成龙是清朝顺治到康熙年间的一位官吏，自清朝顺治十八年起，历任知县、知府、按察使、布政使、巡抚、总督等职。为官三十多年，为政清廉，勤劳务实，生活俭朴，拒贿倡俭，被誉为“天下第一廉吏”。

于成龙走上仕途之路的第一任职是罗城（今广西北部）知县。当时的罗城属柳州府，地处偏僻，野草遍地，瘴烟疠雨，猛痹出没，民情慓悍，经济凋敝。尽管条件如此恶劣，但他毫不畏惧，说服了家人和亲朋好友，带上自己变卖家产的盘缠，毅然奔向罗城，决心改变那里的面貌。于成龙对罗城的恶劣环境和人民的困苦情况虽有思想准备，但罗城的实际情况比传说和预料的要严重得多。广西经过二十多年的战乱后，经济萧条，民心不安，百姓贫困不堪，有的铤而走险，沦为“盗贼”。地方大姓与地主成为世代冤家，相互仇杀，人口骤减。当时，罗城县城只有六户居民，数间草屋，县衙门没有门垣，院中长满荒草，三间草屋破烂不堪。于成龙暨土为案，铺草为床，置土灶一副，办公休息均在草屋之中。就是在这样的条件下，他不辞辛劳，攀山越岭，调查研究，访贫问苦，悉听百姓的呼声，制定改变罗城面貌的计划。他在任罗城县令的七年中，奖励耕织，兴修水利，轻徭薄赋，发展生产，使罗城的面貌得到很大改变，受到人民的衷心拥戴。当他离任时罗城百姓纷纷赶来，遮道呼号，追送百里。

康熙十八年（1679年），于成龙因功绩卓著，迁任福建按察使，主管司法事务。当时福建多事，朝廷严禁百姓与台郑氏家庭往来，三令五申不得下海，违者正法。福建居民以海上贸易为生，哪能不下海呢？前按察使以通敌罪逮捕了数千渔民，一时冤狱遍地。于成龙经过调查多属冤枉，上报朝廷同意后，随即释放了大批冤枉的渔民。

于成龙为官清操苦节，竭忠尽力，体国恤民，倡廉禁贪，自奉俭约，拒贿禁奢，不仅深受百姓的拥戴，而且赢得朝野的敬仰。送礼受贿，生活奢侈，这在封建社会官场中，是一种司空见惯的腐败现象，而于成龙对此深恶痛绝，在他任罗城知县时，曾有几个小伙子出于对他的关心，持钱奉献，让他作生活费用，他拒绝接受。一次他的夫人来罗城探亲，百姓得知后，纷纷前来送钱赠物，让夫人带回家，以表他们一片心意。于成龙感激之余，婉言谢绝说："这里远离我的家乡，夫人只身一人携带这么多财物，一来行走不便，二来容易为盗贼所害，大家既是爱我，就请将钱物带回。"百姓跪倒在地，哭着不肯起来，坚持要他收下，他再三劝说，始终未收分文。

于成龙任福建布政使时，主管钱赋，经他手的钱何止千万，他却一尘不染，两袖清风。为勉励自己，告诫部下，他书写了一副对联悬于堂上，上联是"累万盈本，尽是朝廷正赋；倘有侵凌，谁替你披枷带锁"；下联是"一丝半粒，无非百姓脂膏；不加珍惜，怎晓得男盗女娼"。

福建的漳州、泉州当时是重要的对外贸易港口，外国商人为了谋取贸易交往中的好处，经常把一些贵重物品赠送给布政使，于成龙认为身为大清官吏，接受外商馈赠，不仅辱及人格，而且有损国格。每当有人来赠送时，他一律斥之不受，外商感慨地说："天朝洪福，有如此清官，我等周游列国，从未见过，真是难得呀。"在封建社会里，各级官吏为得到庇护或升迁，往往利用上司生日寿辰、儿女婚嫁等机会大肆行贿送礼，为了摒弃这一陈规陋习，禁绝馈赠受贿，于成龙升任直隶巡抚之初，就申明不受一切馈赠。

康熙二十年（1681年），于成龙政绩传遍京师，康熙在京召见他，称他为"清官第一"。就在这年冬天，他升任为江南、江西总督。总督，这是明清时代显要高级的地方官，权势极大，在清朝做官能做到巡抚、总督这一级大都是久经宦海沉浮的人。这些人一般都明白，自己官已到头该想想后路了，便从各方面做些安排。在处理政务方面，小心谨慎，不求有功，但求无过；在生活方面，极为贪图享乐，安逸舒服；在经济方面，大都拼命聚敛财富，广置田地家产。因此，当时一些督抚大员多表面上道貌岸然，高高在上，实际都是一些饱食终日、不思进取的既得利益者，很少有兢兢业业处理政务者。于成龙与此迥然不同，他在两江总督任上，仍保持着勤劳务实的作风，一改过去官场那种污浊风气。

总督属于封疆大吏，上任时要有全副仪仗，前有执事喝道，后有兵丁护卫，所经之处，官绅躬候迎送。于成龙却与众不同，自直去江宁上任时，他与小儿子雇了一辆驴车，袖钱数十文，沿途住宿不投公馆，边走边访贫问苦。两江总督府的官吏按惯例置仪仗，文官武将在城门上恭迎，等候了大半天仍不见人到，众人正在焦急之时，忽报新任总督早已单车轻装入衙。大家忙赶去部署，准备设宴为于成龙接风洗尘。于成龙笑着对大家说："以酒肴酬劳我，不如酬谢我鱼壳。"原来，他在赴任的路上，打听到江洋大盗鱼壳掠人财物，坏事做尽，民愤极大，他以重金招募武艺高强的人将鱼壳抓获，为百姓除了一害。

于成龙一生勤劳节俭，终年布衣素食，甚至不如老百姓，但他处理政务却尽心竭力，经常通宵达旦。他为官三十年，从来没有携带家属到任所，直到年已高达六十五岁时，才不得不带小儿子在身边照顾他。早在他任福建按察使，临走前，让人买了数百斤萝卜放在船上，人们不明白他的意思，问买这么多有什么用？他回答说："路上当菜，全靠它了！"他任两江总督之初，适逢当年遭灾，于成龙十分惦念灾民，将自己的俸禄赈济老弱病残者，而自己却粗茶淡饭，每当青黄不接时，还以糠菜当食充饥。于成龙少食鱼肉，常嗜菜蔬，市民称他"于青菜"，爱之怜之，敬之颂之。

于成龙为官清廉，以身作则，江南的社会风气也因此改变了许多。当时江南经济已经相当发达，官僚、贵族、富商大贾竞相追求奢侈豪华，市民们也崇尚华贵虚浮，于成龙到任不久，他们就开始改穿布衣，门第高贵的人出门时也减少了随从和车辆，不敢再炫耀财势了，大户人家红白喜事，也不像过去那样讲究排场了，许多高门大院住宅，悄悄改成了小门楼。[①]

康熙二十三年（1684年），被江南人呼为“于青菜”的一代廉吏于成龙殁于两江总督任上。临终，身边无一亲人。僚吏清点其遗物：床头，仅靴、带和绨袍一领；堂后，碎银三两，钱二千，粟米五六斗，盐豆豉数钵。灵柩归回故里，士民万人聚哭，家家绘像祭拜。正是由于这种清正廉洁、勤俭节约的品格，雍正皇帝称赞于成龙为“天下廉吏第一”。

2 外国名人的克勤克俭故事

（1）英国王室的勤俭

每当夜深人静之时，你就可能会看到一个身着白睡衣的女人像影子似的穿行在白金汉宫的大小厅堂和走廊，熄灭仍然通明的灯光……这是当今世界最有权势和财富的女人之一——伊丽莎白女王。她为哪怕是最微小的浪费而生气，在英国人中，流传着许多女王注意节约的故事。

伊丽莎白女王，1952年继承了全球最富有王位之一，在福布斯

① 孙杰、晓慧等编：《思想品德篇之勤俭节约》，远方出版社2004年版，第52页。

全世界权势女性榜上排名前二十位，《福布斯》曾估计女王的财产为三亿英镑。更何况，她还是拥有无数无价之宝的英国王室的“当家人”。虽然如此富有，女王却仍然十分注意节约，有句英国谚语常挂在女王的嘴边：“节约便士，英镑自来。”在白金汉宫，不仅照明，连供暖也保持在最低限度。应邀到郊外乡村的皇家别墅去作客的人，被告知要随带毛衣，因为那里“暖气并不二十四小时全天开放”，而且还要应邀者自带酒去，因为“我们并不是大酒鬼”。为了节约，提取皇家食品储藏室里的食物，需通过电子计算机计算。自维多利亚女王时代以来，王宫里的家具从未更新过。当前来参观的游客看到经过修补的沙发和地毯、陈旧的挂毯时，无不为之惊叹。为了节约，女秘书们要用电子计算机来回复白金汉宫收到的数以千计的信件。女王坚持王室只用印有查尔斯王子纹章的特制牙膏，因为这种牙膏可以挤得一点不剩。女王如果看见掉在地上的一根绳子或带子什么的，也要捡起来塞进口袋里，可能在什么时候这些东西会有用场。女王很喜欢马，但在马厩里，马不睡在干草上，而是睡在旧报纸上，因为干草太贵。

女王是这样，其他王室成员也是这样按节约精神办事的。女王的丈夫菲力浦亲王的钱包也扣得紧紧的。看到饭馆里酒价飞涨，圣诞节他请宫廷人员到一家豪华旅馆里去吃饭时，便自己准备了一些酒带去。顾客一般是不能这么做的，但饭馆也只好随其所便。1985年复活节期间王室成员参加宗教仪式时，安妮公主的儿子彼得·菲力浦穿着一件显然是太肥而且相当旧的外套，那是爱德华王子十五年前穿过的。几年前，卡洛王子在桑德林厄姆附近一家商店里买了一件羊毛衫，花了三十七英镑，还不算太贵。于是商店老板客气地说：“您的身材能找到最好的东西配穿。”卡洛回答说：“我可以做到，因为我刚刚向我的妻子借来了钱。”

王室如此节俭，可是另一方面，每逢各种庆典，举国一致欢腾之时，为了向公众显示王家威仪，并给群众以极大的趣味和快乐，却又钟鸣鼎食，连骑过市，极尽豪华，以至于政府支付的俸禄不够开销，只好以女王私产收入垫付一部分费用。可见这种节俭并不是吝啬，而是如何合理花费钱财的一种智慧。[①]

（2）沃尔玛的节俭智慧

沃尔玛百货有限公司由美国零售业的传奇人物山姆·沃尔顿先生于1962年在阿肯色州成立。经过五十多年的发展，沃尔玛公司已经成为美国最大的私人雇主和世界上最大的连锁零售企业。2014年，沃尔玛公司以四千七百六十二点九四亿美元的销售额力压众多石油公司而再次荣登《财富》世界五百强榜首。

为何沃尔玛这么受欢迎，大家到沃尔玛的超市里去看看各类商品的价格，就可以找到问题的答案了。不错！沃尔玛之所以能够取得成功，根本的原因在于它真正以顾客为中心，保证以“天天平价”的商品来“招待”顾客，让顾客在沃尔玛能够买得到比其他地方更便宜的商品。那么，沃尔玛如何能做到这一点呢？是沃尔玛创始人山姆·沃尔顿所创立的“节俭文化”帮助它实现了这一目标。假如萨姆·沃尔顿没有把“节约每一美分”作为企业经营的信条，那么沃尔玛就无法向顾客提供廉价的商品，实现“天天平价”的承诺，也就根本不可能成为全球最大的零售商。

沃尔玛对成本费用的节俭，甚至完全可以用“抠门”一词来形容。在沃尔玛，从来没有专业用的复印纸，都是废报告纸的背面，所有

① 顾晓鸣主编：《世界智慧大观第三册》，浙江人民出版社1995年版，第574页。

复印纸必须双面使用，否则将受到处罚；除非重要文件，沃尔玛从来没有专业的单打印纸；沃尔玛的工作记录本，都是用废报告纸裁成的。走进沃尔玛的办公区，你会发现它的办公室装修是非常简陋的，没有天花板，办公室只用隔板隔开，这么做的唯一目的，就是为了节约！

沃尔玛的节俭文化和他的开创人沃尔顿密不可分，在沃尔玛发生的一件小事，足可以说明沃尔玛的节约精神：有一天，连锁店的一位新员工，在给顾客包装商品时，多用了半张包装纸，绳子包扎完后多剪了一段，而这事刚好被巡视的沃尔玛总裁山姆·沃尔顿撞见了，他看见后讲了一番引人深思的话："小伙子，我们卖的货是不赚钱的，只是赚一点节约下来的纸张和绳子钱。"

沃尔玛公司的名称也充分体现了沃尔顿的节俭习性。美国人习惯上用创业者的姓氏为公司命名。沃尔玛本应叫"沃尔顿玛特"（Walton-Mart，Mart的意思是"商场"），但沃尔顿在为公司定名时把制作霓虹灯、广告牌和电气照明的成本等全都计算了一遍，他认为省掉"ton"三个字母可以节约一笔钱，于是只保留了"WALMART"七个字母——它不仅是公司的名称，也是创业者节俭品德的象征。沃尔玛中国总店的管理者们对老沃尔顿的本意心领神会，他们没有把WALMART译成"沃尔玛特"，而是译成了"沃尔玛"。一字之省，足见精神。如果全世界四千多家沃尔玛连锁店全都节省一个字，那么整个沃尔玛公司在店名、广告、霓虹灯方面就会节约一笔不小的费用。

现在沃尔玛公司的一批高级经营管理者也已是百万富翁，可是在简朴的公司总部丝毫看不出任何富得流油和趾高气扬的迹象。比如公司总裁斯麦特的座驾仅是普通商务车，一次出差，为了节省钱，他还与同事共享一间客房。

尽管沃尔玛如此节俭，但是在慈善事业上却相当慷慨。2011年，沃尔玛公司和沃尔玛基金会慈善捐赠资金累计三点一九亿美元、物资累计超过四点八亿美元[①]。

（3）一身证书和别名的彼得大帝

“时而是院士，时而是英雄，时而是航海家，时而是木工，他以一颗包罗万象的心永远充当皇位上的劳工。”这是普希金在诗歌中对彼得大帝的赞美。彼得大帝是俄国近代化之父。作为战略家、改革家、外交家，这是许多帝王都具有的素质，但是，彼得大帝的勤奋，或者说彼得大帝的动手能力，那是没有哪个帝王能出其右的。

1689年的沙俄是一个落后的国家，落后于清朝政权，主要方面比英法德落后很多，到处盛行着农奴制，农奴的数目急剧增加，而其合法权益却在减少。而且俄国错过了文艺复兴和宗教改革的大好时机，神职人员愚昧无知，文学黯淡无光，数学和自然科学无人问津。同西欧相比，俄国几乎还在中世纪时期。在西欧，此时牛顿的《自然哲学原理》已经问世，文学和哲学事业繁荣昌盛。

1697至1698年间，彼得大帝以一个下士彼得·米哈伊洛夫的身份，率领了一个大约由二百五十人组成的“庞大的使团”，到西欧作了一次长途旅行，一次为他随后的统治定下了基调的旅行。由于彼得使用了一个假名，因而他看到了许多人们无法看到的事物。这个考察团首先经过瑞典的里加、普鲁士的哥尼斯堡。在哥尼斯堡，彼得向一位上校拜师学习打炮技术。到达荷兰后，他停留在以造船业闻名于世的阿姆斯特丹，参观了他们的海军演习，并同贵族留学生一起，

① 王伟锋：《节俭精神》，国家行政学院出版社2005年版，第47—49页。

在最大的一家造船厂当学徒，学习造船技术。他跟着师傅学习木工，斧子劈，刨子刨，样样活儿都干，而且干得非常出色。为了完全掌握这门技术，他坚持完全由留学生独立建造了一艘三桅巡洋舰。彼得在这里的学习是成功的，荷兰师傅在发给他结业证书时，称赞他是“勤奋而聪明的木工”。在这次旅行期间，他在荷兰的东印度公司当了一段时间的船长，还在英国造船厂工作过，在普鲁士学过射击。他走访工厂、学校、博物馆、军火库，甚至还参加了英国议会举行的一届会议。[①] 为了鼓励西方工艺和技术的引进，他把许多西方技术人员带入俄国，还派遣许多年轻的俄国人到西欧去学习，想方设法学习西方的文化、科学、工业及行政管理方法。

在西欧的考察学习使得彼得受益匪浅。从1698年开始，彼得在俄国发起了声势浩大而又严厉无比的改革运动，这场彻底改变国家命运的大改革涉及政治、经济、军事、文化教育和宗教等各个方面：建立了正规的陆军和海军，使得落后的俄国跃升成为欧洲的军事强国；经济等各方面改革使得俄国从落后的农业国完成了工业化的大跃进。在彼得大帝的时代，俄国出现了第一张报纸，开办了第一批军事学校和技术学校，有了第一家博物馆和第一家公共图书馆，有了第一批的公众剧院和第一批公园。彼得大帝还下达了设立科学院的第一道诏令，他剪掉贵族的大胡子、客人的长衣袖，把莫斯科公国时代的长袍改为欧洲式的短装，举办“大舞会”，提倡文明交际。所有这些，使得俄国“从愚昧无知的深渊登上了世界光荣的舞台”。彼得大帝将国家发展重心西移，邻近欧洲各国，便于接受欧洲的开化文明，并建立起圣彼得堡的领导势力，结束了俄国由莫斯科政权统治以来的黑暗时期，带领俄国进入文明新时代。

① 王禹翰:《一本书读懂世界史》，万卷出版公司2013年版，第167页。

（4）民族英雄的葬礼

法国军事家、政治家、外交家、作家、法兰西第五共和国的创建者戴高乐将军，是法兰西人民心目中的民族英雄。2005年，法国国家二台举行的“法国十大伟人榜”评选，电视观众评选戴高乐为法国历史上最伟大的人。

1940年巴黎沦陷时，法国维希傀儡政府为求自保向德国宣告投降。戴高乐将军大力抵抗，后作为反对党被迫流亡伦敦。同年6月18日，戴高乐将军在伦敦的英国广播电台BBC发出了他的著名的坚持抗战号召，在极具感染力的文书最后，他说道：“无论出现什么情况，我们都不允许法兰西的抗战烽火被扑灭，我们的战火也永远不会被扑灭。”自1940年到1944年的五年中，戴高乐带领自由法国运动进行了艰苦卓绝的奋斗，直到法国解放。

这位法兰西的自由旗手，在二战之后功成不居，延续了长期的军旅生涯中形成的勤俭节约的习惯。总统府扶手椅的绒布套已经磨破，坐在扶手椅上衣服总是会沾着一些绒布线头，为了节省开支，戴高乐总是不同意拿去修理。戴高乐及其夫人生活俭朴，不讲究穿戴，一直保持着随手关灯的生活习惯。对办公室和起居室从没有奢侈的要求，在更换窗帘时，他们要求把旧的翻过来再用，装修房间时，他们不要贴壁纸，只要粉刷就行。为了节省开支，每次外出访问，戴高乐尽量减少陪行人员，有时戴高乐和夫人一起访问时，只带一名随身服务人员。他要求工作人员坐地铁或公共汽车上下班，不允许助手在爱丽舍宫随便摆宴请客。

戴高乐的遗嘱早在1952年就写好并密封起来，要求在他去世后才许启封。遗嘱写道：

“我希望在科龙贝教堂举行我的葬礼。如果我死于别处，我的遗体务必运回家乡，不必举行任何公祭。我的坟墓必须是我女儿安娜安葬的地方，日后我的夫人也要安息在那里，墓碑上只写：夏尔·戴高乐（1890—？）。

“葬礼要由我儿子、女儿和儿媳在我私人助手们的帮助下安排，仪式必须极其简单。我不希望举行国葬，不要总统、部长、议会代表团和公共团体代表参加。只有武装部队可以以其身份正式参加，但人数不必很多。不要乐队吹奏，也不要军号。不要在教堂或其他地方发表演讲，国会不要致悼词。举行葬礼时，除我的家庭成员、我的解放功勋团战友和科龙贝市议会成员外，不要留别的位子。法国的男女同胞如果愿意的话，可以陪送我的遗体到达它的最后安息之地，以给我的身后遗名增光，但我希望要默默地把我的遗体送到墓地。

“我声明，我事先拒绝接受给予我的任何称号、晋升、荣誉、表彰和勋章，不论是法国的还是外国的。授予我上述任何一项，将违背我的最后愿望。”①

戴高乐的要求都实现了，葬礼形式非常简朴。然而，意料之外的是，四万多男男女女从法国各地来到科龙贝为他们心目中的英雄送葬。与此同时，巴黎大主教马尔蒂在巴黎圣母院为戴高乐将军举行隆重的安灵弥撒，许多国家的元首都赶来致哀。几十万巴黎人冒雨向爱丽舍宫行进，在凯旋门这个二十六年前戴高乐站过的地方肃立致哀。第二天，巴黎市议会决定把凯旋门所在的星形广场改名为夏尔·戴高乐广场。这可以说是向拒绝任何荣耀的领袖授予“荣誉”的一种最好方法。

① 关月玲：《勤俭美德》，西北农林科技大学出版社2013年版，第145页。

（5）一代富豪洛克菲勒

约翰·D·洛克菲勒是美国实业家、超级资本家，美孚石油（标准石油）公司创办人。出生于纽约州里奇福德镇，父亲威廉·埃弗里·洛克菲勒是一个无牌游医，母亲伊莱扎·戴维森是一个虔诚的浸礼会教徒。洛克菲勒是全球历史上除君主外最富有的人，是世界公认的“石油大王”。假如老洛克菲勒活到今天，他的财富将比全球前十大富豪的总资产还多百分之十。

洛克菲勒是虔诚的教徒，他遵从基督教“人生而有罪”的教义，严格按教义生活，虽然赚钱无数，但他的衣食住行却极其简朴。这位低调的富豪，在一部分人眼中，他是一个邪恶的资本家，而在另一部分人眼中，他又是善良的慈善家。在生意上，他壮大自己，打击对手，建立托拉斯；但同时，他用前半生拼命赚钱，成了美国史上第一个十亿富豪，用后半生散尽亿万家财，投身慈善。

当洛克菲勒搬到纽约来时，他已经非常富有，却仍然保持着简朴的生活方式。他和妻子塞迪在一条僻静的大街上购置了一所四层褐砂石的宅子。那栋房子上爬满了常青藤，两侧是草坪，尽管房子宽敞、舒适，但对于像洛克菲勒这样的巨富而言，却显得过于简朴，因而也巧妙地掩饰了他家的真实情况。一次，塞迪提出要一辆新的四轮马车。约翰吃惊地瞪着她说，除非把旧的卖掉，否则他几乎无法支付买新车的费用。

当时的社会，富豪大贾们个个都是脑满肠肥并以此为荣，洛克菲勒却瘦得像条猎狗；当时爱炫耀自己的财主们人人把戴大礼帽、挂表链奉为时尚，洛克菲勒平日的服饰却和常人相差无几，尽管家里人经常提醒他去买身新衣服，因为他身上的那套已经磨得发亮了。

另外，洛克菲勒从来没有让纽约的灯红酒绿搞得晕头转向过，他排斥那些豪华宴会和化装舞会以及频频光顾戏院、夜总会的上层人物，你很难想象洛克菲勒会去同那些叼着雪茄、大腹便便的先生们、身穿华贵皮衣、珠光宝气的女士们周旋。当报界想要对这位财阀作些报道时，甚至注意到洛克菲勒基本不参加各种社交活动。

相传洛克菲勒习惯到一家熟识的餐厅用餐，通常在用完餐之后，他都会给服务生一角五分的小费。有一天，不知何故，他只给五分的小费。服务生忍不住埋怨说："如果我像你这么有钱的话，我绝对不会吝惜那一角钱。"洛克菲勒笑了笑说："这就是你为何一辈子当服务生的缘故。"

洛克菲勒家族对孩子们如何使用零花钱做了规定，必须分作三个用途，自己花一部分，存下来一部分，还有一部分要去施舍给更需要的人。洛克菲勒二世还给孩子们每人发一个账本，每一分钱的用途和时间都要记下来，在下个星期发零花钱之前要交给家长审查，如果账目记得清楚，并且用途正当，这个星期就可以多领一元钱的零花钱，不然，就要从这个星期的零花钱里面扣掉一元钱。[①]

洛克菲勒年少时贫苦自当节衣缩食，富可敌国时依然节俭成性。节俭是人生的一大美德，但像洛克菲勒这样的成功者所提倡的节俭并不等同于守财奴式的一味囤钱，而是养成受益一生的良好的生活习性。正是由于节俭，才能使他们更加慷慨大方地面对社会，面对他人。洛克菲勒和他后代们没有整天躲在房间里计划如何守住自己的财富，不让金钱落入别人口袋，而是积极地参与文化、卫生与慈善事业，怀着富有的负罪感将大量的资金用来建立各种基金，投资

① ［美］洛克菲勒著，徐杰编译：《洛克菲勒写给儿子的38封信》，金城出版社2011年版，第1—4页。

大学、医院，让整个社会分享他们的财富。[①]

（6）北田光男

在日本福冈市，有一个家喻户晓的著名企业——最佳电器株式会社。在80年代以来的经济衰退中，日本大部分企业经营不景气，或者倒闭，或者被合并，然而最佳电器株式会社却是个幸运儿，它不仅在经济风暴中不倒，而且在当年的年终结算时竟出现大幅度的盈余，每股资本的红利高达六成，所以它的会长北田光男在日本企业界享有盛誉。北田光男对于企业的发展有自己的一套独特思路，例如，他对于节俭精神就情有独钟，甚至因为节俭被戏称为“无与伦比的吝啬鬼”。但是，正是这种节俭精神造就了最佳电器的成功。

北田经常邀请一些人来为他的职工作演讲。有一次，他特地请福冈工会事务局局长去为职工们演讲。由于演讲持续的时间比较长，结束时天已经很晚了。于是，局长被请到公司用餐。可是，当他来到餐厅门口时，几乎不敢相信自己的眼睛，原来，大名鼎鼎的最佳电器，职工的晚餐仅仅是每人一小瓶牛奶和一个小面包而已。因为局长是客人，北田吩咐服务人员给这位局长端来两瓶牛奶和两个面包。而自己也和职工一样，面前只有一小瓶牛奶与一个小面包。这位局长对北田的节约精神赞叹不已。

节俭持家，保持廉洁，是北田光男一贯的主张和作风，也是最佳电器成功的一个重要因素。在最佳电器做事，没有交际费可报销，总经理没有公家轿车使用。职工上班后，会从指示牌上看到昨天用了多少水、电，电话费是多少，这些数字提醒人们要节水、节电及合理使用电话，无形中为公司节省了不少开支，减少了浪费。当然，

① 杜衡、陈翠编译:《洛克菲勒：一个财富巨擘的人生信条》,学林出版社2006年版,第139页。

节省并不是只顾公司利益，不顾员工们的生活。对员工们来说，减少浪费的明显好处，就是公司的工资高于其他公司。

在个人生活上，北田光男也从不揩公司的油。他每星期工作六天，周日也很少出去玩。他自己的娱乐，每年只有一次，即利用年假陪妻子到世界各地旅行，一切费用绝不用公款，全部自费。北田光男说："员工们的眼睛是雪亮的。当老板的人，一举一动，员工们都看在眼里。你如果用公司的钱花天酒地，漏税，员工知道了，就一定会瞧不起你。在这种情况下，你还能要求他们努力工作、操守清廉吗？那是绝对办不到的。"①

（7）不知疲倦的居里夫人

玛丽·居里夫人是迄今世界上最伟大的女科学家。1903年，居里夫妇和贝克勒尔由于对放射性的研究而共同获得诺贝尔物理学奖，1911年，因发现元素钋和镭再次获得诺贝尔化学奖，成为历史上第一个两获诺贝尔奖的人。居里夫人的成就包括开创了放射性理论、发明分离放射性同位素技术、发现两种新元素钋和镭。在她的指导下，人们第一次将放射性同位素用于治疗癌症。

1867年，玛丽出生于波兰首都华沙的一个中学老师家庭。在玛丽六岁时，不幸便降临到她的头上，父亲因为顶撞校长而被降职减薪，全家生活因此变得十分困难。紧接着，玛丽心爱的大姐因病死去。姐姐的去世给小玛丽很大的打击。没过多久，疼爱她的妈妈也因病离开了她。家庭一个又一个的变故让玛丽感到十分痛苦，但是在经历了急剧的痛苦以后，小玛丽坚强地站了起来，勇敢面对生活的挑战。

① 《中小企业工商管理案例及分析》编委会编：《中小企业工商管理案例及分析》，企业管理出版社1999年版，第431页。

玛丽上学以后，学习非常刻苦，她的每门功课都是全班第一。对知识的无限渴望驱使着玛丽决心继续深造，可是波兰所有的大学都不招收女生，玛丽只好停止学业，在家乡做了一名中学老师。中学教师的生活没有磨灭她的意志，她还是通过努力的自学，不断充实自己的知识。

后来在二姐的帮助下，玛丽来到了巴黎著名的索邦大学。在学院读书期间，她仍然刻苦努力，不久便获得巴黎大学的硕士博士学位。在这里，她结识了著名学者皮埃尔·居里，并与他结为终生伴侣，玛丽因此被人们称为居里夫人。

居里夫人选中了一个难度很大的课题——“铀射线”作为研究方向，在这个前人尚未研究的领域中，她进行了艰难的探索。她与丈夫一起建造了自己的简易实验室。由于资金有限，实验室里的条件极差，夏天，因为顶棚是玻璃的，里面被太阳晒得像一个烤箱；冬天，又冷得几乎要把人都冻僵了。在这种艰苦的条件下，居里夫妇克服了一系列常人难以想象的困难。为了提炼镭，他们每次要把二十多千克的废矿渣放入冶炼锅中进行熔化，连续几小时不停地用铁棍搅动沸腾的原料，最后从中提取仅仅含有百万分之一的微量物质。他们从1898年一直工作到1902年，经过几万次的提炼，处理了几十吨矿石残渣，终于得到零点一克的镭，并准确地测定出了这种元素的原子量。

镭宣告诞生了！居里夫妇证实了镭元素的存在，使全世界都开始关注放射性现象。镭的发现在科学界引发了一次真正的革命。

可是灾难又一次落到了居里夫人的头上，1906年，她亲爱的丈夫皮埃尔·居里被一辆奔驰的马车夺去了生命。噩耗传来，居里夫人悲痛万分。但是她没有倒下，毅然接替了丈夫在索邦大学的教授职位，并将丈夫的工作继续推向前进。在1910年，她成功地出版了权威性的专著——《放射性研究》，完成了丈夫未完成的事业。[①]

法国科学院院长如此赞美玛丽·居里：“您是一个伟大的学者，一个竭诚献身工作和为科学牺牲的伟大妇女，一个无论在战争中还是在和平中始终为分外的责任而工作的爱国者，我们向您致敬。您在这里，我们可以从您那儿得到精神上的益处，我们感谢您；有您在我们中间，我们感到自豪。您是第一个进入科学院的法国妇女，也是当之无愧。”爱因斯坦说：“在所有的世界名人当中，玛丽·居里是唯一没有被盛名宠坏的人。”

（8）赖斯：八倍的勤劳

赖斯小的时候，美国的种族歧视还很严重，特别是在她生活的伯明翰，黑人地位低下，处处受白人欺压。赖斯十岁时全家到首都游览，却因身份是黑人，不能进入白宫参观。小赖斯倍感羞辱，凝神远望白宫良久，然后回身一字一顿地告诉父亲：“总有一天，我会成为那房子的主人！”赖斯的父母很赞赏她的志向，就经常向她灌输这样的思想：“改善黑人状况的最好办法就是取得非凡的成就，如果你拿出双倍的劲头往前冲，或许能赶上白人的一半；如果你愿意付出四倍的辛劳，就得以跟白人并驾齐驱；如果你愿意付出八倍的辛劳，就一定能赶在白人前头。”

父母的教育给了赖斯极大的鼓励，她数十年如一日，以超过白人八倍的辛劳发奋学习，积累知识，增长才干。普通美国白人只会讲英语，她则除母语外还精通俄语、法语、西班牙语；白人大多只是在一般大学学习，她则考进名校丹佛大学拿到博士学位；普通美

① 吴玉军、程晓云编著：《勤俭的故事》，河北少年儿童出版社2002年版，第246页。

国白人二十六岁可能研究生还没有读完，而她已经是斯坦福大学最年轻的教授，随后又出任了斯坦福大学历史上最年轻的教务长；普通美国白人大多不会弹钢琴，可她不仅精于此道，而且还曾获得美国青少年钢琴大赛第一名；此外，她还精心学习了网球、花样滑冰、芭蕾舞、礼仪，白人能做到的她要做到，白人做不到的她也要做到。普通的美国妇女可能只知道遥远的俄罗斯是一个寒冷的国家，而她却是美国国内数一数二的俄罗斯武器控制问题的权威。天道酬勤，"八倍的辛劳"带来了"八倍的成就"，她终于脱颖而出，一飞冲天，成为出色的美国国务卿。[①]

3 近代名人的克勤克俭故事

（1）简朴的领袖风范

毛泽东在理论上、政策上积极倡导厉行节约，反对浪费，艰苦奋斗，勤俭建国，而且身体力行，率先垂范，是艰苦朴素、勤俭节约的光辉典范。

他经常对身边的工作人员说："要注意勤俭节约，处处爱护公物，注意节约水电。""一粥一饭都是来之不易，一针一线也不应该浪费，这都是来自人民，是劳动人民流血流汗生产的果实，如果浪费了，就是白白丢了人民的劳动果实和自己手里的财富，影响我们国家财富的积累，万万不可这样做。""几颗小麦做一个馒头？几株稻子做

① ［英］卡洛琳·李著:《剑桥家训：剑桥大学800年教育理念之精华读本》，江苏文艺出版社2008年版，第231页。

一碗米饭？有谁算过这笔账？”又说：“我们的国家是一个大国，人口众多，如果一个人一天浪费一粒米，一年就要浪费掉三百六十五粒米。这样，八亿人民一年浪费的粮食积累起来，就能救济很多灾民。如果八亿人民每人每天再节约一粒米，其数量不就可观了吗？实行勤俭节约，反对浪费，能够使我们的国家富强了再富强，使人民生活水平提高了再提高。”他说：“只要大家注意，处处都可以节俭，积少成多嘛！节约也是建设社会主义重要的一条。”

毛泽东始终把自己看作是人民的一员，从不要求任何特殊待遇，终生保持艰苦朴素的生活习惯。他的饮食素以简单随意著称，一日两餐或三餐，最多不过是四菜一汤的家常菜。平日粗茶淡饭，不吃山珍海味。他夜以继日地工作，常常将一天仅有的两顿正餐都省了，饿了时常以烤芋头、麦片或压缩饼干等充饥。1960年是我国经济最困难的一年，毛泽东给自己定下三不：不吃肉、不吃蛋、吃粮不超定量。这一年，毛泽东连续七个月没有吃过一口肉。由于长期缺乏营养，毛泽东和许多群众一样得了浮肿病。他说：“我不吃猪肉和鸡了，猪肉和鸡要出口换机器。我看有米饭，有青菜，有盐有油，就可以了。”吃饭不小心掉到桌面上的饭粒，他都一粒粒夹起，送到口中，从不浪费。他常说：“我们国家还不富裕，人民群众生活还有一些困难，我吃那么好，心里不安呀。我吃的饭菜很好了，什么时候中国的老百姓都能吃上四菜一汤，那该多好。”他的衣服鞋帽，许多都是补了又补，一件睡衣打了七十三个补丁，一条毛巾被也打了五十四个补丁。

毛泽东不仅讲究节俭，更强调公私分明。就像全国大多数的普通老百姓一样，毛泽东生活中所有的日常开支，都是严格地从他的工资里支出的。在物资紧张的年代，他用粮用布也和所有人一样限量；他也每月按时支付房租费用；甚至在开会的时候，会和大家一样支付茶水费。毛泽东外出视察工作，能带的日常生活用品都会带着，大到毛巾被，小到牙膏、牙刷以及火柴。吃饭要给粮票，住宿同样要付给费用。在毛泽东的生活账中，甚至还有他在武汉付洗衣费的记载。[①] 他对自己的孩子严格要求，不许他们搞特殊，谆谆教导他们："人哪，生活还是向低的比有好处，不比贡献比享受，那就没有出息。"

毛泽东的一言一行，无不体现出大公无私、廉洁奉公、两袖清风、全心全意为人民服务的共产党人的崇高品质。毛泽东身居高位，却生活恬淡，不求奢华，中华民族勤俭节约的美德，在他身上得到了淋漓尽致的展现。他曾说过："没有条件时不讲究，这一条容易做到；有条件讲究时不讲究，这一条难做到。我们共产党人就是要做难做到的事！"

（2）周总理一生节俭

大家都知道，周总理一生节俭，无论是建国前还是新中国建立以后，周总理始终能做到严于律己，不浪费一分钱，无论是吃还是穿，总是按照最低标准执行。

60年代初期，中国进入了困难时期，由于天灾加上人祸，全国很多地方都爆发了很严重的饥荒，周恩来身为国家总理，心中十分挂念灾区群众，心急如焚，吃不下饭去。

周总理的厨师为了他的身体，就提高了他的口粮标准，其实也只是每个月多做几顿细粮饭，多加一点蔬菜和水果罢了。但周总理发现自己的口粮标准提高后，立马把自己的秘书张文才叫了过去，询问为什么自己的口粮标准提高了，又询问中南海其他工作人员的口粮标准。

① 曹前发著：《毛泽东生态观》，人民出版社2013年版，第55页。

当周总理得知自己的口粮标准比其他工作人员多了一点时，他显得很不开心，用严肃的口吻说道："文才同志，这件事请你管一下。我，作为人民共和国的总理，绝对不能搞特殊。国家和人民处在困难时期，中南海工作人员的口粮标准最低的每月是二十五公斤，我就吃这个最低标准，粗细粮的标准，要和工人一个样。我今天定下这个标准，任何时候都不准违反。"

张文才觉得为了周总理的健康，多增加几斤细粮的比例没有什么不对，况且增加口粮标准，也是希望周总理能更好地为国家和党工作，他想不通周总理的要求，就反驳说："我不能同意这一点，我想大家也不会同意的。"

但是周总理对这件事很强硬，因为周总理知道，在这个艰难的年代，只有和群众一起同甘共苦，才能渡过难关。在周总理的强硬要求下，熟悉周总理脾气的张文才也只好照办。

事情后来传到了群众的耳朵里，大家都十分感动，没有想到身为国家总理的周恩来口粮标准还不如老百姓，大家一致说："周总理和中央领导都和我们吃一样的口粮，再大的困难我们也不怕，我们一定能渡过难关。"

在情况好转的日子里，周恩来吃饭也总是两菜一汤，并且坚持粗细粮搭配使用，甚至当全国人民都吃上细粮的时候，周总理还坚持每周吃一次粗粮。

在穿衣方面，周总理更是节约，他的衣服都是被人补了又补，几件衬衣也不知道穿了多少年。很多都已经破得没法继续穿了，周总理仍然不让人换一套新的，简单的修补以后又穿在了中山装里，谁能想到，一位国家总理的中山装里还会有许多补丁呢？

1976年1月8日，周总理在北京去世，在料理后事的过程中，负责给周总理治丧的同志看到周总理的警卫员拿出了一套旧衣服给周总理换上，气得张口大骂道："你们的良心哪里去了？周总理死了还穿这身旧衣服吗？为什么不拿一件新的？"

警卫员低着头，哭着说道："这是他最好的一件，总理生前再三嘱咐，他死后不要买新衣服，就用原来穿过的。"

原来周总理在生前就对邓颖超再三嘱咐过了，自己死后，就穿旧衣服，不要浪费新衣服，新旧都一样，不要为他浪费国家钱财，反正到最后都会一把火烧掉。

听到这里，在场的同志们都满含热泪，泣不成声。

1976年1月15日晚，一架飞机将周总理的骨灰撒向了海河，为人民奉献一生的周总理就这样离开了我们，真正做到了为人民服务终生的信念。

（3）陈嘉庚勤俭的故事

1951年的一天，陈毅同志到集美学校视察，陈嘉庚先生请他喝茶，这时一位工友出去买了一块钱的糖果来。事后，陈嘉庚对那位工友说："陈毅同志是首长，至多拿一两块糖果吃，不像小孩子一块接一块地吃，买两毛钱的就足够了。我们要以事业上该花的钱应花，生活上该节约的钱就节约为原则。"这个陈嘉庚真是那个南洋富翁陈嘉庚？真的！

据陈嘉庚的儿子陈国庆说，陈先生是个很节俭的人，平日身上带的现款不超过五元。他从不在外边乱花一分钱。他一生只看过一部电影，是在新加坡首都戏院看的，那是一部为赈灾义演的片子；他一生只带妻儿到新世界看过一次拳击比赛。他自己生活俭朴，也要求家人过同样的生活。陈国庆在读书时，母亲给他买过一条领带，被父亲看到了，斥为浪费，不许他用，故他从此不敢结领带，一直到自己创业时，才结领带。

陈嘉庚先生的女婿李光前在故乡南安梅山扩建学校，请他主持，他常常要到梅山村去。每次前往，车上总是带着两个大保温瓶：一个装着在集美煮好的海蛎粥，另一个则装着油条。汽车驶抵梅山村外时，陈先生就会通知司机停车，随员携着那两个大保温瓶，同他走到公路边的巨石上，吃完海蛎粥，才步行进村。主人见陈先生光临，热情欢迎，马上要备餐请客，陈先生忙说，不用麻烦，我们已经吃完午餐了。他晚年为自己规定的伙食标准是每天五毛钱，经常吃番薯粥、花生米、豆干、腐乳加上一种鱼。招待客人不外乎家乡风味，陈毅在他家吃的就是他特备的蚝煎、炒米粉和猪蹄芋头。陈嘉庚节衣缩食，那么他手里的钱呢？在新加坡时，他即热心捐资兴学，先后创办了南洋华侨中学、水产航海学校、南洋华侨师范学校、南侨女子中学等。在家乡创办了著名的厦门大学，兴建了规模宏大的包括许多专业学校的集美学村。但这么多学校，没有一处是以陈嘉庚命名的。他办教育的捐款累计起来几乎相当于他的全部财产。[①]

（4）霍英东艰苦创业

霍英东的名字是非常响亮的，但这位商业巨子的少年时代却是异常艰辛的。七岁那年，他的父亲在一次暴风雨中因翻船而身亡。父亲的去世使家里原本贫困的生活雪上加霜。更为遭殃的是，没过多久，霍英东的两个哥哥，也在一次翻船事故中身亡。这时他家中的亲人只剩母亲、九岁的姐姐、五岁的妹妹，生活的重担全落在他

① 中国人民政治协商会议全国委员会、文史资料研究委员会合编：《回忆陈嘉庚》，文史资料出版社，第307页。

母亲身上。母亲是一个顽强的人，她没有被生活的重压打倒，而是把丈夫留下的驳运生意继续经营下去。

霍英东的母亲虽然目不识丁，但希望自己的儿女能够读书。在霍英东六岁那年，母亲将他送到了一个免费班学习。霍英东在校读书很是勤奋，成绩总是排在前几名。后来，他又转读皇仁书院。在学院读书的那段日子里，他的生活是相当艰辛的。因为皇仁书院学费比较高，为了省下一点钱，霍英东常常不坐电车，花半个钟头走路上学。他最喜欢的课外活动是踢球，但他不敢踢得太久，总是踢很短时间便急着回家，帮助妈妈记账和送发票。那种紧张生活，经常弄得他筋疲力尽，头昏眼花。

1941年，香港沦落到了日本人的手里，霍英东的学业也被迫结束了，1942年夏天，日本军队扩建启德机场，征集劳力，经人介绍，霍英东进了机场当苦力。机场离家很远，霍英东每天早上得提前两个小时出门，晚上回家又得花两小时，每天他都干得劳累不堪。

同年，母亲倾其所有，与他人合股开了间杂货店，这家杂货店交由霍英东管理。每天一大早顾客便陆续登门，有时一下子要来十多人，都要招呼妥当，一个顾客往往要买几样甚至十多样东西，霍英东勤快地忙碌着。在这里做事手脚要麻利，否则顾客便不满意。在机场干活虽然吃力，但不必动脑，而杂货店里的事情十分繁琐，就是吃顿饭也不得安宁，得站着吃，随时准备招呼顾客。到了晚上十点多钟，伙计纷纷回家了，霍英东还得留在店里收拾个不停。一年三百六十五日，天天如此，一点儿也偷闲不得。

在这段日子里，霍英东起早贪黑，奔波劳碌。由于他细心精明的经营，杂货店的生意日渐兴隆。

这段生活对霍英东是很好的磨炼，他从中受到经营管理的良好训练，培养了坚强的意志和灵活的处事方法。在以后的日子里，他又涉足驳运业、房地产业，承包挖海沙工程，不断扩大自己的经营规模。[1]

（5）董建华的打工生涯

1937年5月29日，董建华出生于上海徐汇区的一幢花园别墅中，其父是从事海运业的富商——董浩云。

董建华的童年时代是在战乱中度过的，1949年董浩云一家离开内地，定居香港。十三岁时董建华入香港中学学习，1956年，十九岁的董建华以优异的成绩毕业，考入英国利物浦大学机械系。董浩云按中国的家庭传统培养两个儿子成为管理家族事业的接班人，他让长子读机械系，次子读工程系，不仅望子成龙，而且还希望子承父业。

董建华在利物浦大学学习时，董浩云的事业迅猛发展，一跃而成为拥有亿万资产的准世界级船王。董建华也随之成为一名世界级的富家子弟。在当时他就读的学校中富家子弟不少，他们生活奢华，攀比成风。但董浩云对自己的子女要求十分严格，从不娇生惯养，他及时告诫董建华要把心思用在学业上。董建华铭记父亲的教诲，以自律、自好、自强作为人生的准则。他并没有因为自己是船王的儿子而与众不同，他与普通留学生一样，乘公共汽车或骑自行车往返于校园和住所之间，潜心于学业。

1960年，董建华从利物浦大学毕业，获得理学学士学位。这时，董浩云已是香港首屈一指的船王，正在向世界级船王进军，业务更

---

① 贤才文化:《感动中国道德榜样》，中南出版传媒集体、湖南人民出版社2011年版，第176页。

为繁忙，然而，他并未将学有所成的董建华召回香港或放到主要业务点以协助自己，而是出人意料地让儿子到美国通用汽车公司（GM）打工，董浩云之所以做出这样的安排可谓用心良苦。除了体味GM的企业魅力，学习GM的现代管理原则外，也是为了让董建华全面地锻炼自己，从最低层做起，这样今后才能明白应怎样对待下面的职工，同时也是要培养董建华的刻苦精神，主动去找苦吃，譬练更生，接受生活的挑战。

（6）节俭船王包玉刚

著名商人包玉刚曾经有一句名言，他说：在经营中，每节约一分钱，就会使利润增加一分，节约与利润是成正比的。包玉刚是世界上拥有十亿美元以上资产的十二位华人富豪之一，世人公推的华人世界船王，1978年，包玉刚的海上王国达到了顶峰，稳坐世界十大船王的第一把交椅。

有人曾嘲笑包玉刚不算是一个真正的船王，只是一个银行家。这句话讲对了一半。包玉刚并非传统意义上的船王，因为他摒弃了（或者说根本没有遵循）老一套的做法，而是用他银行家的作风、方法去管理他的船队，这种在旁人看来不可思议的做法，却取得了成功，时至今日，又有谁敢说他不是真正的船王？

包玉刚认为，把船租给用户，主要的问题是确定船在满负荷工作进行时的最多天数，以此来确定一个固定的和可预期的延期赔偿款项，使合同双方满意。包玉刚还努力提高旧船的操作等级以取得更高的租金，并降低燃油和人员的费用。

也许是银行家出身的缘故，包玉刚对于控制成本和费用开支特别重视。他一直坚持不让他的船长耗费公司一分钱，他总是说：不要跟那些与花费目标有关系的人一起休息。他也不允许管理技术方面工作的负责人直接向船坞支付修理费用，原因是他们没有金钱意识。

一位在包玉刚身边服务多年的高级职员回忆道：在我为他服务的日子里，他给我的办事指示都用手写的条子传达。用来写这些条子的白纸，都是纸质粗劣的拍纸簿纸，而且如果写一张一行的窄条子，他会把写的字撕成一张长条子送出，这样的话，一张信纸大小的白纸也可以写三四张最高指示。一张只用了白纸五分之一的条子，不应把其余部分也浪费掉，这就是包玉刚应省则省的原则。

1981年包玉刚拥有的船队，超过美国或前苏联等国家船队的总吨位。有人问他老是飞来飞去的是不是坐包机，包玉刚说他是吃宁波乡下咸菜萝卜干长大的，哪能坐包机！

宾馆服务员拿到包玉刚要换洗的衣服总是惊讶那么普通的布衣，什么名牌也没有。后来，1984年10月他少小离家老大回，第一次回到阔别四十多载的老家宁波庄市钟包村，一位村妇给他送来几只热热的煮鸡蛋。包玉刚接过家乡的鸡蛋，心呼呼地热了起来。夸张地说，世界船王拥有世界，还有什么礼物能打动他？有，家乡人送的热鸡蛋。

包玉刚自奉节俭，乐善好施，先后捐资兴建北京兆龙饭店、上海交通大学兆龙图书馆、杭州包玉刚游泳池等，又倡设包兆龙、包玉刚中国留学生奖学基金，捐款赈济灾民。促进故乡建设，应聘任国务院宁波经济开发协调小组顾问、甬港联谊会、宁波经济建设促进协会名誉会长等职，捐资五千万元创建宁波大学，又捐资建包玉刚图书馆。

（7）勤俭楷模袁隆平

一个夏日的午后，天像着了火一样，炎炎烈日将地面烤得滚烫，树上的知了无精打采地叫着，一阵热风掠过一望无边的田野，一层层稻浪荡漾开去。烈日当空之下，长满黄灿灿稻穗的稻田中，只见一个老人，戴着旧草帽，正在田里捏着稻穗想着什么。他瘦小的身材，高高的颧骨，背微驼，小平头，黝黑的脸庞上好些老人斑，手臂上印满了一道道稻叶划的伤痕。这个看似普通的老人正是被誉为世界“杂交水稻之父”的袁隆平院士。

袁隆平从小就是一个勤学上进的孩子，六岁那年随父母出外郊游，看到红红的桃子、绿绿的葡萄，小小的隆平不禁深深地爱上了农田。他后来读完农业大学被分到偏远落后的湘西雪峰山麓安江农校教书。1959年到1961年，罕见的自然灾害降临于中国。因为粮食匮乏，数以千万人活活饿死，袁隆平亲眼目睹了这场遍布神州、来势凶猛的灾难。严酷痛苦的现实促使他立志改善中国人的吃饭问题，开始了水稻高产育种的研究。

从此，袁隆平便迈开双腿，投入了水稻王国的茫茫绿海，寻找着天然水稻雄性不育株。任何科学研究都是艰苦的，对未知世界的探索在没有成功之前永远是个谜。而农业科研更是如此，不仅要成天周旋于实验室，反复地摆弄瓶瓶罐罐，而且还要到生产第一线去。为了揭开杂交稻的秘密，袁隆平一年超过三分之一的时间都在农田里劳作、观察和研究。从播种到收获，他每天至少下田两次。无论是炎炎酷暑还是寒风凛冽的严冬，他都持之以恒。为争取更多的研究时间，他像候鸟一样每年冬天从寒冷的长沙转移到温暖的海南岛。历经九年的艰难探索，终于有一天袁隆平与助手们在海南岛一片沼泽地的小池塘边发现了雄性不育的野生稻——“野败”。1973年实现了三系配套，并选育了第一个在生产上大面积应用的强优高产杂交水稻组合——南优二号，亩产达到六百二十三公斤，单产比常规稻增产百分之二十左右，然而，他却没有停止探索的脚步。四十多年来，无论刮风下雨，袁老依旧每天上、下午各下一次地，他说："只要地里有一棵稻子，我就坚持下地！"

如今，他是享誉世界的科学家，以他的名字冠名的股票"隆平高科"在深圳上市后，他身价过亿。然而，年过七十的袁隆平，仍像过去一样保持勤奋且有规律的生活工作状态：每天凌晨一点睡觉，早上七点半起床，每天都去实验室，上午、下午各去一趟田里。他着装简朴，普通的衬衣，一条灰裤，老式黑皮鞋上沾满泥巴，常被朋友们笑为"老土"。他以农民自居，说："我的工作要求我像农民一样地生活。"他每年掌握着几千万元科研经费，但他却没有豪宅，没有别墅，他带领着一大群研究员、博士、研究生在地里、在实验室进行着艰苦的探索。他的儿子、儿媳研究生毕业后，也跟着大伙天天下地，默默工作。

"在年轻时做过一个好梦，我们种的水稻，像高粱那么高，穗子像扫把那么长，颗粒像花生那么大，我和几个朋友就坐在稻穗下面乘凉。"有一次在接受记者的采访中，袁隆平说道。如今他创造的"东方魔稻"杂交稻已经在很大程度上解决了中国人的吃饭问题，他的梦想终于因为他超人的勤奋实现了。①

① 中共长沙市委宣传部长沙市文明办：《勤俭》，学习出版社2004年版，第55—58页。

第四章

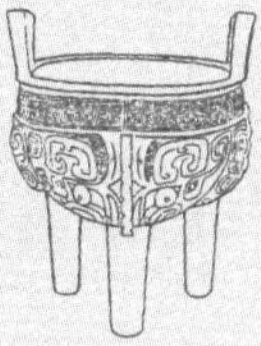

中国家训家教家风中的克勤克俭

尺璧非珍，勤俭为宝

勤以修身，俭以养德

齐家之要，始于勤俭

居安思危，治国惟俭

勤俭而不吝啬

1 尺璧非珍，勤俭为宝

（1）《汉书·疏广传》

【题解】

疏广曾任西汉宣帝太子太傅，后辞官归家，用皇帝赏赐的金银与乡族同宗聚餐共乐，招致子孙的不满。于是疏广对他的子孙发表了一通训诫，表明他这样做的目的是希望子孙们自食其力，勤俭持家，而不要贪求意外的财富。[①]

【原文】

疏广既归乡里，日令家供具设酒食，请族人故旧宾客，与相娱乐。数问其家金余尚有几所，趣买以供具。居岁余，广子孙窃谓其昆弟老人广所爱信者曰："子孙几及君时颇立产业基址，今日饮食费且尽。宜从丈人所，劝说君买田宅。"老人即以闲暇时为广言此计，广曰："吾岂老悖不念子孙哉？顾自有旧田庐，令子孙勤力其中，足以供衣食，与凡人齐。今复增益之以为赢余，但教子孙怠堕耳。贤而多财，则损其志；愚而多财，则益其过。且夫富者，众人之怨业；吾既亡以教化子孙，不欲益其过而生怨。又此金者，圣主所以惠养老臣也，故乐与乡党宗族共飨其赐，以尽吾余日，不亦可乎！"于是族人说服。皆以寿终。

【译文】

疏广回归乡里后，天天让家里摆设酒食，邀请族人老朋友及宾客，

① 郭齐家、李茂旭主编：《中华传世家训经典第3卷》，人民日报出版社2009年版，第880页。

一起娱乐。多次询问家里的余金还有多少，催家人去买东西回来供养亲朋。过了一年多，疏广的子孙私下对疏广所喜爱信任的兄弟老人说:“子孙后代到了你们这个年龄的时候几乎是不可以立下这样的产业，如今每天这样饮食，耗费将尽。应该像您家一样，劝说他买田置宅。”老人就在闲暇时间给疏广讲了这些话，疏广说:“我并不是老糊涂了，也不是不顾念子孙，只是家里本有旧田老宅，让子孙勤于耕作，应该能够供其衣食，与普通人相同。如今又增加了这么多赢余的钱财，它只能教子孙怠惰罢了。贤能而多有钱财，那么就会捐弃其志向;如果愚蠢而又多有钱财,那么就更助长了他们的过错。况且富人，是众人所怨恨的啊；我既然没有办法来教化子孙，也不想助长他们的过错而招致怨恨。更何况这些金钱，是圣上恩赐我用来养老的啊,所以我希望与乡党宗族共飨圣上的恩赐,来尽我的余日,不也可以吗！”于是族人为他心悦诚服。后来他就这样终老一生。

（2）徐勉《诫子崧书》

【题解】

这是南梁名臣徐勉告诫长子徐崧的一封信。徐勉虽然官居显位，却从不经营产业，家里并没有多余的积蓄。他还把自己的俸禄分给穷乏的亲族。门客和朋友中有人不同意他的这种做法，给他提意见，他就说:“别人遗留给子孙以财物，我却留给他们以清白。如果子孙有才干，那他们就可以自己挣得富贵。如果他们没有才干，所有的东西最终都会被他人所占有，我留给他们也没有用。”从父母家教的角度来说,留给子孙丰厚的遗产,不如传给子孙经营产业的良好技能,传给子孙经营产业的良好技能，又不如教给子孙立身处世的清正仁义之道。严正的家风培养子孙优良的道德品质，子孙得到的精神财富远比物质财富更能影响其一生获得卓越的成就、实现高远的理想。

【原文】

吾家世清廉，故常居贫素，至于产业之事，所未尝言，非直不经营而已。薄躬遭逢，遂至今日，尊官厚禄，可谓备之。每念叨窃若斯，岂由才致？仰藉先代风范，及以福庆，故臻此耳。古人所谓“以清白遗子孙，不亦厚乎？”“遗子黄金满籝，不如一经。”详求此言，信非徒语。吾虽不敏，实有本志，庶得遵奉斯义，不敢坠失。……记云：夫孝者，善继人之志，善述人之事。今且望汝全吾此志，则无所恨矣。

【译文】

我家世代都很清白廉洁，因此常过着清贫朴素的生活，至于产业的事情，不只是从来没有营求过，也从未提起过。我出身卑微、遭遇辛苦，一直到今天，尊贵的官职和丰厚的俸禄，可以说都拥有了。每每想起能得到这些，哪里是由于我自己的才能？是仰赖先代的风范榜样和福运吉庆的降临，才有今天啊。古代圣贤说：“把清白留给子孙，不也是丰厚的礼物吗？”“留给子孙满箱子黄金，不如教会子孙一本经书。”认真考虑这些话，确实是毫不虚妄的，我虽然不聪敏，但也实有这样的志向。我希望自己能够遵从奉行古人的这些教诲，不敢有所堕落失误。……《礼记》中说：“什么叫做孝呢？就是善于继承父辈的志向，善于传述父辈的事迹。”希望你能够理解和体察我的志向，那我也就没有什么遗憾和失望的了。[①]

（3）谢觉哉《致子女》

【题解】

这是谢觉哉教育子女的一封家书。谢觉哉通过今昔生活的变迁

① 家训·徐勉《为书诫子崧》。

和对比，告诫子女们应永远保持艰苦朴素的思想与生活作风。

【原文】

一、看过去，看别人

从搬家谈起，我不反对搬家。如果必要，房子要修理或让给别人住。我们可以搬到比这还好或比这不好的地方去。

有一个观点必须改正：这个房子是很好的，不要因有点点子毛病，就叫嚷起来。应该知道：不论吃的、住的、穿的，好坏都是比较出来的。我们要看过去，看别人。

年纪大的孩子，你们住过延安的房子，住过乡里老家的房子，到北京住过大四眼井的房子、内务部的房子，虽然都不坏，但哪里比得上现在住的房子。

论吃与穿也要看过去。我家是地主，我又是有职业的人，我到北京才穿上绸内衣，还是人家送的，手表我以前没有，现在你们穿绸内衣了，戴手表了，七七没有表，可能也会要了。皮鞋，我记得1937年去兰州搞统战工作，公家给我买了一双皮鞋，到北京为了接待外宾才买第二双皮鞋。那时我快七十岁了。你们小小年纪就穿皮鞋，且已穿过不止一双。我国出牛皮并不多，皮鞋供应怎能不紧张。

我们的吃，尚不大好，但已比过去好。我的老家是地主，吃得饱但并不那么吃得好。至于你妈妈的老家，靠替人家推磨，靠做小生意，靠捡人家红薯，土里遗下的小红薯，有一顿，没一顿。你舅舅不是因为没饭吃小时候就跑到军队当勤务吗？你妈妈也不是因为穷才参加革命吗？那样的生活，你们是难以想象的。你妈妈要经常对你们谈谈。总之，看过去，我们现在的生活，已经是我们预想不到的了。

说到看别人，你们应知道现在还有成千上万的人吃不饱穿不暖，没有房子住。北京的生活，你们是看到了的：有的人一家子住在一间房屋里，农村的老百姓有的一年吃不到油，北京市居民也只分到四两油。鸡蛋、肉很难买到。你们舅舅那个院子里就是这样。

我们是共产党人，你们是共产党的子女。共产党是人民的勤务员，要帮助广大人民能过好日子，要工作在先享受在后，当广大人民还十分困难的时候，我们过着这样的生活，应该感到不安，而绝不应该感到不足。

我在某招待所的房子里写的诗，有："愿速化为千广厦，九州男妇尽欢颜。"因为住在那样好的房子里，不能不想起许多人民住的破烂，甚至还没有房子。"广厦""欢颜"，这些字眼是杜诗上的，杜甫诗："安得广厦千万间，大庇天下寒士俱欢颜。"杜甫思念的"天下寒士"，我们思念的是"九州男妇"，有范围的不同而已。

还有这样两句诗："身多疾病思田里，邑有流亡愧俸钱。"有点像我的现在：老了，身体不健康，应该退休还乡了。现在人们还有不能安生的，我们每月却领高的工资。这都是人们身上来的，因而不能不有点惭愧。

你们妈妈给我作（做）新衣服，搞吃的，总说："你快八十岁了，还不穿点吃点？"我说："我们吃穿已很好了，再好就要过分了。"意思是指此。

你们好些是大人了，应该懂得道理：一、看看自己，看看广大人民，作个比较。二、人民培养了你们，你们将来怎样报答人民，即学习好本事，能做个好的人民勤务员。

享受要与过去比，与广大人民比，不能超过群众或超过太多。如超过或超过多了，就要自己警惕。

二、要自己动手

从买车票谈起，瑗儿的车票买重了，要退。原因是自己没亲自去买，为什么不去呢？是我有警卫员害了你们，害得你们车站的门向东向西，买票的排队情况，都不知道。

凡自己能做的事，都要自己动手。扫地、洗衣服、煮饭、炒菜、院子里挖土种菜，都要做，做惯了，就闲不住，身体也会强壮。

我老了，在这方面不能亲自做你们榜样，但能做的我还是做。

三、对人宽，对己刻

把难做的事给自己，易做的事给人家。要照顾别人困难，宁肯自己省些。

讲个故事：长征时有个时期，我和徐老（徐特立）不在一队，那个时候吃的困难。徐老遇着我，把他带的吃的东西，全部给了我（一共也不过二三斤）。要他留一点，他不肯，理由是他那个单位弄吃的还容易点（其实也并不容易）。徐老满六十时，我送他的诗："是谁都束腹，赠我竟倾囊。"是指此事，很值得你们学习。

四、爱惜东西

写毛笔字要爱护毛笔，写完把笔洗洗，插入笔帽。要爱护书籍，看完要放回原处。要爱惜自己的衣服、鞋子、被褥、用品等，要知道"来之不易"。这些我以前说过，现在不多说了。今日讲的就是这些。

父

1962年3月8日[①]

① 谢觉哉：《谢觉哉杂文选》，人民文学出版社1980年版，第298页。

2 勤以修身，俭以养德

（1）颜之推《颜氏家训》

【题解】

颜之推对于如何治家有一整套观点，且精见迭出。他主张家庭成员应团结、和睦，生活上要养成俭朴、节约的优良习惯。节俭的内容不限于自己的财产，对于他人财产、公共财产和精神财富也要恭敬。更为可贵的是，颜之推在当时就明确劝诫家人反对迷信，这种思想在当时是很超前的，即使到了今天有许多人还达不到这种境界，这种现象值得人们警醒！

【原文】

夫风化者，自上而行于下者也，自先而施于后者也。是以父不慈则子不孝，兄不友则弟不恭，夫不义则妇不顺矣。父慈而子逆，兄友而弟傲，夫义而妇陵，则天之凶民，乃刑戮之所摄，非训导之所移也。

笞怒废于家，则竖子之过立见；刑罚不中，则民无所措手足。治家之宽猛，亦犹国焉。

孔子曰："奢则不孙，俭则固；与其不孙也，宁固。"又云："如有周公之才之美，使骄且吝，其余不足观也已。"然则可俭而不可吝已。俭者，省约为礼之谓也；吝者，穷急不恤之谓也。今有施则奢，俭则吝；如能施而不奢，俭而不吝，可矣。

生民之本，要当稼穑而食，桑麻以衣。蔬果之畜，园场之所产；

鸡豚之善，埘圈之所生。爰及栋宇器械，樵苏脂烛，莫非种殖之物也。至能守其业者，闭门而为生之具以足，但家无盐井耳。今北土风俗，率能躬俭节用，以赡衣食；江南奢侈，多不逮焉。

……借人典籍，皆须爱护，先有缺坏，就为补治，此亦士大夫百行之一也。济阳江禄，读书未竟，虽有急速，必待卷束整齐，然后得起，故无损败，人不厌其求假焉。或有狼籍几案，分散部帙，多为童幼婢妾之所点污，风雨虫鼠之所毁伤，实为累德。吾每读圣人之书，未尝不肃敬对之；其故纸有《五经》词义，及贤达姓名，不敢秽用也。

吾家巫觋祷请，绝于言议；符书章醮亦无祈焉，并汝曹所见也。勿为妖妄之费。

【译文】

风气教化，是上行下效、先后承传的结果。所以父辈不慈祥则子女必定不孝敬，兄长不友爱则弟弟一定不恭顺，丈夫不讲道义妻子也必然不会柔顺。但如果父亲慈爱而子女不孝敬，兄长友善而弟弟桀骜不驯，丈夫仁义而妻子不守礼节，那他们就是天生的凶暴子民，只有等待刑法的惩罚，而不能指望以训导改造他们。鞭笞怒责不行于家，那么童仆就会胡作非为；刑罚的处置不合情理，那么老百姓定会手足失措。治家有如治国，宽猛相济方能奏效。

孔子曾说："奢侈就会傲慢，俭朴则显得贫寒；与其傲慢，不如贫寒。"又说："如果有人像周公那样有完美的才能，假使他骄傲、吝啬，那他的才能就一概不值一提了。"所以应当节俭但不吝啬。节俭，即减少费用，简约行事，以进行礼制；吝啬，即有人穷困潦倒仍不愿接济以保守财富。当今社会，乐善好施者则趋于奢侈，节俭朴素者则必定吝啬。若能善施而不奢侈，俭朴而不吝啬，就最好了。

老百姓生活之根本在于种植庄稼以获取粮食，种植桑麻以获取衣料。蔬菜水果之类为果园菜场的产物，鸡猪之类的美味为鸡窝猪圈所生产。至于椽木农具、柴草脂烛，也无非是种植的结果。能够保守家业的人，就能闭门而居、自给自足，只缺少一口盐井罢了。现在北方民俗纯朴，大都能勤于生产，勤俭节约，衣食尚可自足。

借别人的书籍，一定要爱护。如果借来前已有损坏，则一定要补好后再看。这也是士大夫百种善行之一。济阳的江禄，读书未完而有急事需要离开时，一定要先卷好书轴，然后才起来做事。所以他借别人的书从不损污，人们也乐于借书给他。有的人书桌上狼藉一片，书籍散乱堆放，往往被无知顽童或使女之流所污损，或者任凭其风吹雨淋和虫子、老鼠咬蛀而不顾，这实在是缺德的行为。我每读圣人书籍，无不恭恭敬敬对待。如果古籍中有《五经》内容或圣贤的姓名，就更不敢肆意亵渎了。

我们家从来不请男女巫师来做祈祷，也不请道士画符、给天帝上奏章以求合家安康，这都是你们有目共睹的。不要把钱花费在这些迷信虚妄的事情上。①

（2）陆游《放翁家训》

【题解】

陆游祖上在宋代百余年间出了不少知名文人，多是清廉之士，晚年归隐时，“旧庐不曾多一椽木”。陆游继承了祖辈留下的高尚节操，反对奢靡浮华，办事只为夸耀乡里，图一时虚荣。包括对自己的评价，叮嘱子孙在他死后可在墓碑上“记录生平大略”，绝不能“过分赞扬而欺骗后人”。陆游对仕宦之途感叹颇多，晚年决意再不出来做官。

① 郭齐家、李茂旭主编:《中华传世家训经典第3卷》,人民日报出版社2009年版,第906页。

告诫儿孙：“能重新务农则为上策；若闭门读书，不应举，不求仕则为中策；若安于小官，不求荣达则为下策。”“做官不能长久，不进仕则为农，勤俭持家，这本没什么可遗憾的，但切不可迫于生存而去做那些只有市井小人才做得出的事。”

【原文】

昔唐之亡也，天下分裂，钱氏崛起吴越之间。徒隶乘时，冠履易位。吾家在唐为辅相者六人，廉直忠孝，世载令闻。念后世不可事伪国苟富贵，以辱先人，始弃官不仕。东徙渡江，夷于编氓。孝悌行于家，忠信著于乡，家法凛然，久而弗改。宋兴，海内一统。祥符中，天子东封泰山，于是陆氏及与时俱兴。百余年间，文儒继出，有公有卿，子孙宦学相承，复为宋世家，亦可谓盛矣。

然游于此切有惧焉，天下之事，常成于困约，而败于奢靡。游童子时，先君谆谆为言，太傅出入朝廷四十余年，终身未尝为越产，家人有少变其旧者，辄不怿。其夫人棺才漆，四会婚姻，不求大家显人。晚归鲁墟，旧庐一椽不可加也。楚公少时尤苦贫，革带敝，以绳续绝处。秦国夫人尝作新襦，积钱累月乃能就，一日覆羹污之，至泣涕不食。太尉与边夫人方寓宦舟，见妇至，喜甚，辄置酒，银器色黑如铁，果醢数种，酒三行而已。姑嫁石氏，归宁食有笼饼，亟起辞谢曰：昏耄不省是谁生日也。左右或匿笑。楚公叹曰：吾家故时数日乃啜羹，岁时或生日乃食笼饼，若曹岂知耶？是时楚公见贵显，顾以啜羹食饼为泰，愀然叹息如此。游生晚，所闻已略；然少于游者，又将不闻。而旧俗方已大坏。厌黎藿，慕膏粱，往往更以上世之事为讳，使不闻。此风放而不还，且有陷于危辱之地，沦于市井降于皂隶者矣！复思如往时父子兄弟相从，居于鲁墟，葬于九里，安乐耕桑之业，终身无愧悔，可得耶！呜呼！仕而至公卿，命也；退而为农，亦命也。若夫挠节以求贵，市道以营利，吾家之所深耻。子孙戒之，尚无堕厥初。

【译文】

昔日唐朝灭亡时，天下分裂，吴越王钱镠崛起于吴越之间，徒隶们乘机改朝换代。我家唐朝时做过辅相的有六人，都廉直忠孝，史册上都有光辉记载。后来为了不使后人侍奉伪政权，苟且于富贵生活，而辱没先人，便弃官东渡，罢官为民。家庭内实行孝悌，在乡里有忠信的声誉，家法严格，长久不改变。宋祥符年间，天子东封泰山之后，陆家也随着时代兴旺起来，百余年间出了不少知名文人。有公有卿，子孙有做官的，有读书的，家庭兴旺，可称为宋世家。

然而，对此我却不免有所担忧。因为天下之事，多成于艰难而败于侈靡。我少年时，父亲曾谆谆教诲：太傅出入朝廷四十多年，终身廉洁清政，晚归故地时，旧宅不曾增加一根椽。楚公小时候尤贫苦，皮带断了用绳续断处。秦国夫人做一件新衣，要积钱数月才能做成，一天吃饭不小心弄脏了衣裳，秦国夫人心痛得哭泣不食。太尉与边夫人会面，不过是果品几种，斟酒三次而已，而且银器色黑如铁。姑娘嫁于石姓人家后，一次回娘家，见吃笼饼，楚公马上站起说："老朽不知今日是谁生日？"左右仆人都笑了，楚公感叹地说：我家早些时候一连几天只是喝粥，只有年节时或有人过生日时才能吃笼饼。我陆游出生较晚，所以听祖辈上的这些事情不多，然而比我年少的人又不想听这些事情，加上风俗太坏，人们羡慕的是奢华的生活，往往讳避提起先辈俭朴生活的事情。若此风不改，长此以往必陷于危辱之地，沦为市井小人。回想起往日父子兄弟相从，安乐耕桑之业，是何等悠雅！官到公卿，是命；归乡为农，也是命。若为求贵而变节，为营利而不惜沦为小人，是我陆家所痛恨的。望子孙戒之。[1]

（3）曾国藩《诫子书》

【题解】

《诫子书》其实是曾国藩的遗书，为曾家世世代代的家训。后人常将“曾国藩诫子书”与“诸葛亮诫子书”相提并论，足见其影响力之大之广，必然是感悟后对自己的子女家人的约束和制约，成为治家名言。

【原文】

人一日所着之衣所进之食，与日所行之事所用之力相称，则旁人韪之，鬼神许之，以为彼自食其力也。若农夫织妇终岁勤动，以成数石之粟数尺之布，而富贵之家终岁逸乐，不营一业，而食必珍馐，衣必锦绣，酣豢高眠，一呼百诺，此天下最不平之事，神鬼所不许也，其能久乎？古之圣君贤相，盖无时不以勤劳自励。为一身计，则必操习技艺，磨练筋骨，困知勉行，操心危虑，而后可以增智慧而长见识。为天下计，则必已饥已溺，一夫不获，引为余辜。大禹、墨子皆极俭以奉身而极勤以救民。勤则寿，逸则夭，勤则有材而见用，逸则无劳而见弃，勤则博济斯民而神祇钦仰，逸则无补于人而神鬼不歆。

【译文】

一个人每一天所穿的衣服、所吃的食物，能做到与他白天所做的事情、所用的力气相匹配的，就会得到旁人的认可和鬼神的赞许，这是因为他是在靠自己的本事吃饭。假如普通人家男人耕田女人织

① 郭齐家、李茂旭主编，《中华传世家训经典第3卷》，人民日报出版社2009年版，第947—949页。

布，一年到头辛苦劳动，才有了几担谷和几匹布的收入，而富贵人家的老爷少爷却一年到头安逸淫乐，不做一件事情，而吃的都是山珍海味，穿的都是锦罗绸缎，喝醉了酒以后就像猪一样呼呼大睡，醒来后他一叫唤就有下人们对他唯唯诺诺，这是天底下最不公平的事情，连鬼神看见了都不会允许他（富贵人家）这样胡作非为，难道富贵人家就可以长期这样安逸淫乐享福吗？古代圣明的帝王和贤良的大臣，无时无刻不是把勤劳工作作为座右铭来激励自己。如果从个人安身立命的角度来说，就应该努力操练和学习技术本领，积极煅炼自己的体魄，感觉到自己知识太少时就加倍努力去学习知识，时时刻刻做到居安思危，这样才能够做到通过增长自己的学识来增长自己的才干。而从为天底下老百姓着想的角度来说，就应该做到让普天下的百姓都吃饱饭、穿暖衣，不再处于水深火热之中，让他们都接受教育，不再像水边的蒿草一样没有自己的主见，这些都是我们应该背负的责任。大禹、墨子大都提倡对于个人生活应该非常节俭，而对于工作应该非常努力，辛勤劳动以使自己丰衣足食。勤苦劳动的人长寿，安逸享受的人短寿，勤劳的人因为经常参加社会劳动，学有才干而能够派上用场，安逸享受的人因为从不参加社会劳动，毫无才干而会被社会所淘汰，一个人努力工作辛勤劳动，就能为社会创造财富，给别人带来好处，从而使神明都对他的行为感到钦佩敬仰。一个人贪图安逸享乐，就不能为社会创造财富，不能给别人带来好处，从而使鬼神都对他的行为感到厌恶。[①]

① 李庆明、李冰：《公民读本家庭编》，二十一世纪出版社2011年版，第226页。

3 齐家之要，始于勤俭

（1）倪思《经鉏堂杂志》

【题解】

倪思著有《经鉏堂杂志》共有“岁计”、“月计”、“子孙计”三则，突出一个主题：要子孙懂得节俭是美德。无论为民还是为官，“俭则足用，俭则寡求，俭则可以成家，俭则可以立身，俭则可以传子孙。”倪思认为节俭而能施舍才叫有仁德；节俭而不求于人，叫做有气节。用节俭作为家法合乎礼仪，用节俭来教诲子孙，才称得上是明智。有儿孙的为儿孙的幸福打算，这是人之常情，天底下的父母，谁不望子成龙，望女成凤？但是怎样才算真正为儿女打算，怎样才能使父母的美好愿望变成现实呢？倪思在“子孙计”中为天下父母列出八条教子孙立身的“处方”：一要积德；二要家风清白；三要读书知义；四要引导子孙谋生的途径；五是治家要严；六是为子孙选择良师引导他交益友；七是要娶贤妻；八是治家要勤勉节俭。

【原文】

岁　　计

俭者，君子之德。世俗以俭为鄙，非远识也。俭则足用，俭则寡求，俭则可以成家，俭则可以立身，俭则可以传子孙。奢则用不给，奢则贪求，奢则掩身，奢则破家，奢则不可以训子孙。利害相反如此。可不念哉？富家有富家计，贫家有贫家计。量入为出，则不至乏用矣。用常有余，则可以为意外横用之备矣。今以家之用分而为二，令尔子弟分掌之。其日用收支为一，其岁计分支为一。日用以赁钱俸钱当之，每月终，白尊长，有余则趱在后月，不足则取岁计钱足之。岁计以家之薄产所入当之。岁终，以白尊长。有余，则来岁可以举事。不足，则无所兴举，可以展向后者，一切勿为，以待可为而为之。或有意外横用，亦告于尊长，随宜区处。

人家至于破产，先自借用官物钱始。既先借用官物钱，至于官物催趱，不免举债典质。久而利重，虽欲存产业，不可得矣。故当先须留官物钱，则无此患。仆奋空拳，粗成家业，毫分积累甚难。诸子宜体念，各存公心管干。且为二十年计，日后则事难料，又在诸子从长区处，仆之智力，有不及矣。月河莫侍郎家甚富，兄弟同居，亦三十余年，此可法也。盖聚居则百费皆省，析居则人各有费也，然须上下和睦。若自能奋飞，不藉父业，则听其挈出，不可将带父业，留以与不能奋飞者，可也。

人家用度，皆可预计，惟横用不可预计。若婚嫁之事，是闲暇时，子弟自能主张。若乃丧葬，仓卒之际，往往为浮言所动，多至妄用，以此为孝。世俗之见，切不可徇，则当随家丰俭也。

月　计

士大夫家子弟，若无家业，经营衣食，不过三端。上焉者，仕而仰禄；中焉者，就馆聚徒；下焉者，干求假贷。今员多阙少，待次之日常多。官小俸薄，既难赡给，远宦有往来道途之费，纵余无几。意外有丁忧，论罢之虞，不可不备。又还家无以为策，则居官凡事掣肘。若有退步，进退在我，易以行志矣。就馆聚徒，所得不过数千。有一书馆，争者甚众。未娶，就馆犹可。既娶之后，难远离家。在己为羁旅，在家则百事不可照嘱。或自有子，欲教不可。若稍有家业，则可免此患。纵不免就馆聚徒，亦不至若不可一日无馆者之窘也。

至于干谒假贷，滋味尤恶。不惟趦趄嗫嚅，此状可恶。奔走于道途，见拒于阍人，情况之恶，抑又可知。纵有所得无几，久而化为唇吻。洁特之士，化为无廉耻可厌之人。若乃假贷亲故，至一至再，亦难言矣。谚曰："做个求人而不成"，此言有理。若自有薄产，无此恶况矣。吾家业虽不多，若自知节省，且为二十年计，可以使尔辈待阙，不至狼狈。既免聚徒就馆，又免干求假贷。谚曰："求人不如求己"。此之谓也。已作岁计簿，复作月计簿。盖先有月计，然后岁计可知。若月之所用，多于其所入，积而至岁，为大阙用矣。世间事固终归空，人固各有命，然可施智力处，亦不当不理会。又所求者在己，与夫不知义命妄求者，大异也。

子　孙　计

或曰："既有子孙，当为子孙计，人之情也。"余曰："君子岂不为子孙计。"然其子孙计，则有道矣。种德，一也。家传清白，二也。使之从学而知义，三也。受以资身之术，如才高者，命之习举业，取科第；才卑者，命之以经营生理，四也。家法整齐，上下和睦，五也。为择良师友，六也。为取淑妇，七也。常存俭风，八也。如此八者，岂非为子孙计乎？循理而图之，以有余而遗之，则君子之为子孙计。岂不久利？而父子两得哉。如孔子教伯鱼以诗礼，汉儒教子一经。杨震之使人谓其后为清白吏子孙。邓禹十子，人各授之一业。庞德公云："人皆遗之以危，我独遗之以安。"皆善为子孙计者，又何歉焉。

俭而能施，仁也。俭而寡求，义也。俭以为家法，礼也。俭以训子孙，智也。俭而悭吝，不仁也。俭复贪求，不义也。俭于其亲，非礼也。俭其积遗子孙，不智也。

衣以岁计，食以日计。一日阙食，必至饥馁。一年阙衣，尚可藉旧。

食在家者也，食粗而无人知。衣饰外者也，衣敝而人必笑。故善处贫者，节食以完衣。不善处贫者，典衣而市食。

【译文】

岁　　计

节俭是君子的美德，世俗人把节俭视为鄙陋，是没有远见卓识。节俭就会日用充足，节俭就会使人少欲，节俭可以使人成就家业，节俭可以使人在社会上占有适当的位置，节俭可以造福子孙。奢侈就会日用缺乏，奢侈就会使人贪欲，奢侈就会埋没自己，奢侈就会败家，奢侈不可以传给子孙。利益和害处的差异如此鲜明，能不认真考虑吗？富家有富家的计划，穷家有穷家的打算。如果能根据收入决定支出，就不至于日用匮乏。日用如常有剩余，就可蓄存起来作意外急需的蓄备。现在把家中用度分二部分，让你们分别掌管。日用收支为一部分，岁计分支为一部分。日用以收租钱和俸禄为主，每个月的月末向家长汇报，有剩余就放到下个月用，不够就拿岁计钱来补。岁计钱主要是指家中的产业收入，年末向家长汇报。有剩余来年可以办事情，不够来年就什么也办不了，可以向后拖，等到以后有财力办时再办。如有意外事需要用钱，也要报告家长，根据情况加以处理。

一个家庭的破产，大多是从借用官家钱物开始。如先借了官家钱物，等到官家催要，难免会负债和典当东西。时间长了利息更多，虽然想保存产业，也做不到了。所以应当先把欠官家钱留出来，就没有这个祸患。我赤手空拳，使家业初具规模，一分一毫地积累，十分艰难。希望孩子们能体念这一点，同心协力维持好这个家。今后的事情很难预料，要靠你们从长计议，我的精力已经不够用了。月河的莫侍郎家非常富有，兄弟在一起同住三十多年，这很值得学习。

在一起住可以节省开支，分住就会各有花费，但同住必须上下和睦。如能够自己谋生路，不靠父亲产业，可以分出自己过。不可以带走父亲的产业，父业留给那些不能自谋生路的孩子。

家中用度都可预算出来，只是意外的事不能预计。像婚嫁这样的事，有时间孩子们自己也能操办准备。但像丧葬事来得突然，往往容易听信人言，以为多花钱才是尽孝。世俗之见不可听信，要根据家庭收入情况办理。

月　计

士大夫家的孩子，如没有家业，谋生主要靠三种途径。最好的是做官吃国家俸禄；中等的是到书馆以教书为生；最下的是求亲戚朋友以借贷为生。现在人多而官少，要等官缺需好长时间。如官职小俸禄少，同样难以养家糊口，加上在远地当官，往来于道上的花费很大，最后所剩无几。难免发生丧葬罢官等意外的事，不能不有所准备。到书馆教学生，所得的报酬不过数千钱，而竞争的人又非常多。未娶亲到书馆教书还可以，结婚以后，远离家门，对自己来说是羁旅，对家里来说什么事也管不上。一旦有了孩子，想教又做不到。如果稍有一点家业，就可避免这些。这样就是到书馆教书，也不至于有离开书馆就活不了的窘迫。至于求人借贷，就更不好受了。低三下四，终日奔走，常常被人拒绝，那种可怜的情景可想而知。即便有所得，也不会很多，时间一长也就花掉了。洁身自好的人，也会因此变成寡廉鲜耻之徒。如向亲朋借贷，一次二次还行，再多就难开口了。如自己稍有产业，就不会有这种惨状。我们家业虽然不多，如能知道节省，暂做二十年打算，可以使你们在等待官缺时不至于困窘。既不必去教书，又免得奔走求借。为此，现已作了岁计簿，再作个月计簿。因为一般先有月统计，然后年统计便可知。

如果一个月的用度，超过了收入的数目，到了年底就会出现大亏空。世上的事固然终归于空，人固然各有命定，但可以通过智慧改变的地方，也不能不努力去做。这与不知天命而妄求是大不相同的。

子　孙　计

有人说："既然有子孙，就应当为子孙打算，这是人之常情。"我认为："有德的人怎能不为子孙打算呢？"但为子孙打算要有正确的观念。首先是要积德；第二是保证家风清白；第三是让他们读书而懂礼义；第四是教他们立身的办法，如才能高的让他求取功名，才浅的让他经营家业；第五是家法要严明完备，长幼和睦；第六是为他们选择良师益友；第七是替他们娶一个贤淑的媳妇；第八就是要使节俭的家风世代传下去。这八个方面，难道不是为子孙打算吗？按照事理去做，把余下的财物传给他们，那么君子为子孙打算，难道不是长久有利于子孙，而父子各有所得吗？如孔子用诗和礼教导儿子伯鱼，汉代学者教儿子精通一经，杨震让人称他的后代为清白官吏的子孙，邓禹教十个儿子各通一业。庞德公说："人都把危害留给子孙，只有我把安全留给后代。"都是善于替子孙打算的人，对子女还有什么缺憾吗？

节俭而能施舍，说明道德高尚；节俭而不求于人，说明有道义；以节俭作为家法是在继统礼仪；用节俭来教诲子孙，能称得上明智。相反，节俭到吝啬的程度就是不仁，节俭到贪欲的程度就是不义；对亲友节俭就不合礼仪，把节俭攒下的钱留给子孙享用是不明智的做法。穿着是以年计算的，吃饭是以日计算的。一天没饭吃，必然饥饿。一年没有新衣穿，还可以穿旧衣的。饭在家中吃，差点也没人知道；衣服穿在外表，破衣烂衫会让人耻笑。所以处在贫困境遇中的人，会过日子的，注意节食而使衣饰整洁，不会过日子的，往往典当衣物而买吃的。[1]

（2）朱柏庐《治家格言》

【题解】

朱柏庐的《治家格言》，人称“朱子家训”，在过去几乎是家喻户晓。它的长处在于切实、浅近。它没讲心性之类大道理，但在对日常行为的评说规范里，深刻地打上了勤俭的烙印。“一粥一饭，当思来处不易；半丝半缕，恒念物力维艰”这样的话，已成为和唐代李绅《悯农》诗一样的教诫格言，在社会上广为流传。

【原文】

黎明即起，洒扫庭除，要内外整洁。既昏便息，关锁门户，必亲自检点。一粥一饭，当思来处不易；半丝半缕，恒念物力维艰。宜未雨而绸缪，毋临渴而掘井。自奉必须俭约，宴客切勿流连。器具质而洁，瓦缶胜金玉；饭食约而精，园蔬愈珍馐。勿营华屋，勿谋良田。三姑六婆，实淫盗之媒；婢美妾娇，非闺房之福。童仆勿用俊美，妻妾切忌艳妆。祖宗虽远，祭祀不可不诚；子孙虽愚，经书不可不读。居身务期质朴，教子要有义方。莫贪意外之财，莫饮过量之酒。与肩挑贸易，毋占便宜；见穷苦亲邻，须加温恤。

【译文】

天刚亮即起床，洒水打扫庭院，做到内外整洁。天一黑便要休息，注意关门锁户，必须亲自检查。一碗粥一碗饭，应当想到来之不易；半根丝，半根麻，要常想到物力的艰难。趁天没有下雨时，就要把门窗修缮好；不要等到口渴时，才想到去掘井取水。自己的日常供

① 郭齐家、李茂旭主编:《中华传世家训经典第3卷》，人民日报出版社2009年版，第941—942页。

养必须节约，宴请宾客千万不要忘乎所以。器具朴质清洁，瓦质用器胜过金玉用器；喝的吃的少而精，园中的蔬菜胜过山珍海味。不要营建华屋，不要谋求良田。不正派的三姑六婆，是诲淫诲盗的媒介；婢妾美丽娇媚，不是家里的福气。不要使用俊美的童仆，切忌不要让妻妾艳装。祖宗虽然遥远，祭祀时不可不诚心；子孙虽然愚笨，经书不可不勤读。立身处世务求朴实，教育子女要有规矩方法。不要贪图意想不到的钱财，不要喝超过自己酒量的酒。不要去占那些肩挑小贩者的便宜，看到贫苦的亲戚邻居多温存体恤。①

（3）陈确《新妇谱补》

【题解】

陈确是明末清初著名思想家，所著《新妇谱补》中关于对新婚媳妇的勤俭要求，亦是现代年轻人可借鉴的。尤其认为是勤俭中最重要的是物要收拾好，事情要安排好。

【原文】

勤俭乃治家之本，为读书人妇，尤要讲究。每见人家丈夫姿禀绝胜，往往其妻好佚妄用；家计日落时，不胜内顾之忧，并学业亦废者有之。语云:“家贫思贤妻。”此至言也。内外之事，并须细心综理，宽而不弛，方合中道。虽新妇无预外事，而今日房中之人，即他日受代当家之人，故须预习勤俭。为新妇贪懒好闲，多费妄用，养成习气，异日一时难变矣。戒之戒之。

凡家里要做事务，并须及早撵完。盖先时则暇豫，后时则忙促。忙促则难为力，暇豫则易为功。先之劳之，为国之经，亦治家之经也。无事切勿妄用一文，凡物须留赢余，以待不时之须。随手用尽，俗

① 李剑桥主编:《儒家经典》，中国三峡出版社1997年版，第2871页。

语所谓眼前花，此人大病也。家虽富厚，常要守分、甘淡泊、喜布素。见世间珍宝锦缮，及一切新奇美好之物，若不干我事，方是有识见妇人。

凡物要有收拾，凡事要有料理，此又是勤俭中最吃紧工夫。苟无收拾，没料理，纵使极勤极俭，其实与不勤俭同。正如读书人，只读死书，了无用处也。但所谓收拾料理之法，亦非言说可尽，皆在新妇自己心上做出，唯用意深详者为得之。盖凡事虚心访求，只管要好，便有无穷学问。虽如日用饮食，煮粥煮饭，至庸至易，愚不肖咸与知能。苟求其至，亦自有精细工夫。况进而上之，道理原自无穷，而可卤莽灭裂？亦如读书人作文，愈造愈妙，更无底止。新妇唯能不自是，而处处用心，则做人作家，俱臻上乘矣。

【译文】

勤俭是治家的根本。作读书人的妻子，更要注意节俭。常见有些人家，丈夫的禀赋极高，而妻子却往往好逸奢侈；也有的人家业日渐衰落之中，一旦家道衰落，就会受家务负担忧烦、干扰而荒废了学业。俗说话："家贫思贤妻"，这是一句极有深意的话。家里家外的事，都需细心安排，富裕时也不能妄用。虽然新妇不干预外事，但日后总要当家，所以要先学会勤俭。如新妇好逸恶劳，养成习惯就很难改了。

家中需要做的事，要及早做完。提前做完则时间宽裕，拖后则匆忙，一旦匆忙则事难做成，时间充裕则事情可以做得精善。所以，凡事提前去做，是治国、治家的好办法。没事时不妄用一分钱，物品应使其有赢余，以备急用。如随手用尽，俗语称"眼前花"，是人的一大毛病。家境虽富有，也要守本分，甘于淡泊，生活简朴。对世上珠宝珍玩及新奇之物，如能做到视而不见，才是有见识的妇人。

凡物要收拾好，事情要安排好，这是勤俭中最要紧的事。否则与不勤俭没有什么两样。正如读书人，只读死书便无用处。所谓收拾料理，就是要用心去做。如日常生活，煮粥煮饭，谁都会做，但要做得好,还是须下工夫的。也像读书人作文章,越作越好,没有止境。新妇只有不自以为是，处处用心，无论做人还是治家，都会做得很好。[1]

4 居安思危，治国惟俭

（1）曹操《内戒令》

【题解】

东汉末年，腐朽没落的东汉王朝分崩离析，军阀混战，社会生产力遭到极大破坏，人民流离失所。曹操虽然位居丞相，手中握有大权，但他怀抱救国之志，既开源，又节流，厉行节俭，并从自己做起。在《内戒令》里，他对自己的吃、穿、用都做了严格的规定。同样，他对家人的要求也是很严厉的。

【原文】

孤不好鲜饰严具，所用杂新皮韦笥，以黄韦缘中。遇乱无韦笥，乃作方竹严具，以帛衣粗布作裹，此孤之平常所用也。百链利器，以辟不祥，摄服奸宄者也。吾衣被皆十岁也，岁解浣补纳之耳。

贵人位为贵人，金印蓝绂，女人爵位之极。吏民多制衣绣之

① 郭齐家、李茂旭主编:《中华传世家训经典第3卷》，人民日报出版社2009年版，第1012—1013页。

服，履丝不得过绛，紫金黄丝织履。前于江陵得杂彩丝履，又与家约，当尽著此履，不得效作也。孤有逆气病，常储水卧头，以铜器盛，臭恶；前以银作小方器，人不解，谓孤喜银物，令以木作。

昔天下初定，吾便禁家内不得熏香。后诸女配国家，因此得烧香。吾不烧香，恨不遂初禁，令复禁不得烧香。其所藏衣，香著身亦不得。房屋不洁，听烧枫胶及蕙香。

【译文】

我不喜欢装饰华丽的箱子，我所用搀杂新皮制成的箱子，用黄皮镶在中间。碰上动乱的时候没有皮箱，就自己动手制作竹箱，用黑皮罩在外面，用粗布作里子，这是我平常所使用的箱子。我的夫人曾制作美丽的箱子，不久就用坏了。如今在竹箱子加上漆，看上去也很漂亮。我多次铸炼兵器以消除凶恶，震慑坏人。我身上盖的被子已经使用了十年时间，年年拆洗缝补然后收起再用。

如今我的几个女儿已经被皇上封为贵人，携带镶金的官印，披上蓝色的绶带，可以说达到了女人爵位的顶点。官吏、百姓都喜欢制作刺绣衣服，现在我规定，用丝织成的鞋子，颜色不能超过绛紫金黄以上。我不久以前在江陵得到了一些印有各种花色的丝织品鞋子，就把它们带回了家，我约定家人要穿完这些鞋子，不得效法别人制作华贵的鞋子。我患有气往上冲便出现头痛的病，经常准备好水浸浸脑袋。用铜器盛水，气味难闻。前不久我换成银器盛水，有人不理解我为什么这样做，便说我喜欢银器，现在我换成木器。

当初天下局势刚刚稳定时，我便禁止家里人不得熏香。后来我的几个女儿成为贵人，便为她们熏了香，因此就得烧香了。我不喜欢烧香，遗憾的是没有实现我的禁令，现在再次禁止烧香，就是把香料放在衣内带在身上也不允许。

房屋里如果不干净的话，只允许烧枫树脂和香草。[1]

（2）隋文帝《诫太子勇》

【题解】

本文出自《北史·隋宗室诸王列传》，隋文帝杨坚废掉太子杨勇，另立杨广，这件事情后人评说纷纷。下面这一段话，是杨坚看到杨勇装饰蜀州贡来的铠甲，怕他从此走向奢侈，因而提出的告诫。字字醒人耳目，也字字情深意长。该文的主旨一是古来帝王，奢侈浮华便不能长久；二是身为帝王，不忘贫贱之时。

【原文】

我闻天道无亲，唯德是与。历观前代帝王，未有奢华而能长久者。汝当储后，若不上称天心，下合人意，何以承宗庙之重，居兆民之上？我昔日衣服，各留一物，时复看之，以自警戒。又拟分赐汝兄弟，恐汝以今日皇太子之心，忘昔时之事。故令高颎赐汝我旧所带刀子一枚，并菹酱一合。汝昔作上士时，所常食如此。若存忆前事，应知我心。

【译文】

我听说上天不保佑亲近的人，只恩赐有德行的人。纵观历代帝王，没有追求奢侈豪华而能长久享有天下的。你作为接班人，如果不上顺天意，下合民心，怎么担当祖宗重托，作为百姓的君王？我从前的衣服，每种各保存一件，常常拿出来看看，用来自我告诫。打算分别赏赐你的兄弟们，又担心你现在作为皇太子的心，忘记了从前的事情。所以让高熲赐给你我从前所佩戴的刀子一把，以及一盒腌菜。你当年担任上士，经常吃的就是它。如果你还记得从前的事情，就

① 郭齐家、李茂旭主编：《中华传世家训经典第3卷》，人民日报出版社2009年版，第889页。

应该明白我的心。

（3）康熙《庭训格言》

【题解】

康熙是一位文武全才，极有作为的皇帝。这里所选的，是他的《庭训格言》中教育子弟的部分。他特别重视对子弟的教育，亲自对他们进行督导，要他们以身作则，提倡生活俭朴，反对奢侈腐化。

【原文】

圣祖《庭训》曰：“朕所居殿，见铺毡片等物，殆及三四十年而未更换者有之。朕生性廉洁，不欲奢于用度也。”

《训》曰：“民生本务在勤，勤则不匮。一夫不耕，或受之饥；一妇不蚕，或受之寒。是勤可以免饥寒也。至于人生衣食财禄，皆有定数，若俭约不贪，则可以养福，亦可以致寿。若夫为官者俭，则可以养廉。居官居乡，只缘不俭，宅舍欲美，妻妾欲奉，仆隶欲多，交游欲广，不贪何从给之？与其寡廉，孰若寡欲？语云：‘俭以成廉，侈以成贪。’此乃理之必然者。”

《训》曰：“古人尝言：三年耕，必有一年之积；九年耕，必有三年之积。此先事豫防之至计，所当讲求于平日者。近见小民蓄积匮乏，一遇水旱，遂致难支。此皆丰稔之年粒米狼戾，言其多，不能储备之故也。国计若是，家计亦然。故凡家有田畴足以赡给者，亦当量入为出，然后用度有准，丰俭得中，安分养福，子孙常守。”

《训》曰：“老子曰：‘知足者富。’又曰：‘知足不辱，知止不殆，可以长久。’奈何世人衣不过被体，而衣千金之裘，犹以为不足。不知鹑衣缊袍者，固自若也。食不过充肠，罗万钱之食，犹以为不足。

不知箪食瓢饮者，固自乐也。朕念及于此，恒自知足。虽贵为天子，而衣服不过适体；富有四海，而每日常膳，除赏赐外，所用肴馔，从不兼味。此非朕勉强为之，实由天性自然。汝等见朕如此俭德，其共勉之。”

《训》曰：“世之财物，天地所生，以养人者有限。人若节用，自可有余，奢用则顷刻尽耳，何处得增益耶？朕为帝王，何等物不可用？然而朕之衣服，毫无过费。所以然者，特为天地所生有限之财而惜之也。”

【译文】

圣祖《庭训格言》说：“朕所居住的宫殿，可以看见那些用于铺垫的毡片等东西，有用了三四十年还没有更换的。朕生性廉洁，不想在生活用度上奢侈。”

《庭训格言》说：“人民生活的本务，在于勤劳，勤劳就不会匮乏。一个男子不耕地，就可能有人为此挨饿；一个妇女不养蚕，就可能有人因此而受寒。所以勤劳可以免除饥饿寒冷。至于人一生的衣服、食物、财产、福禄，都是有定数的。如果勤俭节约，不贪婪，就可以养福，就可以达到高寿。如果做官的俭朴，那就可以修养廉洁。不管是做官还是居住在乡里，只因为不节俭，住宅房舍想要住漂亮的，大小老婆想要他们侍奉，奴仆想要得多，交游想要得广，如果不贪，又从哪里来供给呢？与其少廉耻，哪里比得上少欲望呢？有言道：‘节俭会养成廉洁，奢侈会造成贪污。’这是必然的道理。”

《庭训格言》说：“古人曾经说：耕种三年，必然会有够用一年的积蓄；耕种九年，必然会有够用三年的积蓄。这是事先作预防的最好的策略，应当讲求的是平日的功夫。最近看见百姓缺乏积蓄，一遇上水旱灾害，就难以支撑。这都是在丰收的年份谷物充足的时候，不能够储备的缘故。国计是这样，家计也是这样。所以凡是家中拥有田地，足以自给自足的，也应当衡量收入来计算支出，然后用度有定准，丰盛俭朴得以适中，安分守己，颐养福禄，子孙得以常守产业。”

《庭训格言》说：“老子说：‘知道满足的人会富裕。’又说：‘知道满足就不会受到侮辱，知道适可而止就不会危殆，这样就可以长久。’无奈世人的衣服本来只不过是用来遮盖身体，却有人穿着价值千金的皮裘，还以为不足，殊不知那些穿着破破烂烂衣服的人，也一样的自如。食物只不过是用来充塞肠胃的，却有的人罗列着价值万钱的食物，还以为不足，殊不知那些只能享用一箪之食、一瓢之饮的人，也一样的自得其乐。朕每每想到这些，就常常自己知道满足。虽然贵为天子，而衣服只不过是适合身体而已；虽然富有四海，而每天的日常膳食，除了赏赐以外，所用的菜肴，从来不吃两道。这并不是朕勉强地去做这些，实在是由于天性自然形成的。你们看见朕如此节俭的品德，应该共同勉励学习。”

《庭训格言》说：“世上的财物，是天地所生的，用来供养人的实在有限。人如果节约用度，自然就可以有盈余，如果奢侈就会在顷刻之间就把它们用尽了，从哪里能够得到增加呢？朕身为帝王，有什么样的东西不能用呢？然而朕的衣服，丝毫也没有过多的耗费。之所以这样，只不过是因为天地只能产生有限的财物而珍惜。”[①]

---

① 郭齐家、李茂旭主编：《中华传世家训经典第3卷》，人民日报出版社2009年版，第1040—1041页。

5 勤俭而不吝啬

（1）陈龙正《家矩》

【题解】

陈龙正，明崇祯甲戌科进士，历官礼部郎。所著《家矩》主要特点是论理充满辩证思想，在平凡质朴的语言中充满哲理，这里关于勤俭的很多观念也很切合实际。

【原文】

不 悭 贻 后

人性不悭，必不至大富。不贻子孙以大富，则不生侈心，不侈则又不至大贫，是贻子孙以善守者，不悭乃其本也。祖父累之如锱铢，子孙费之必如泥沙。子孙痴根，还从祖父愚性生下。

遇大事能散财

古者产属王朝，无生可治，士亦不治生。朝夕稻粱置之若遗，况储余财及后。故孔子居官则器服备具，失职则疏食或绝。后世如诸葛武侯，亦有桑田以给子孙。宋室官俸优渥，而温公犹于初命士，皆首问其世业，以为无衣食忧，则居职易廉，故以业遗子孙而守之。后世之势，亦后世之礼矣，致之有义利，守之有本末耳。先公廉俭，所遗与武侯“死日无负”之语不愧。吾辈遭逢知己，有如温公，将嘉我先公，贴谋得中，有养廉之资。子孙如殖货无厌者，则先公所恶也。勤俭则岁积有余，积久渐多，宜遇大事能散，然后非治生之俗子。

爱惜之误为暴殄

爱惜、暴殄本是两意，愚者有时合成一病。如饮食剩余，宜趁鲜香之时分给于下。敝衣故履未至无用，宜散与仆从或贫寒之人。每见妇人悭吝爱惜，将余食珍藏。夏不过一日，冬不过十日，皆腐败矣。衣履破敝，欲藏之箧笥，则不必欲与人，则不能堆阁闲处，听其朽烂。使人不得受其养，物不得伸其用，是皆以爱惜为暴殄者也。时时当讲解而提醒之，使晓此理，自无此失。

【译文】

人不吝啬，一定不能大富。不留巨额家产给子孙，就不会使他们产生奢侈之心，生活不奢侈人也不至于太穷。因此留给子孙守财的方法，以不吝啬为根本。祖父们从一文文小钱积攒起来的家当，子孙挥霍起来必如泥土。子孙痴愚的根子，在于祖上糊涂。

古时奴隶制社会，没有私财可经营，读书人也不营家业。整天稻米随便放置，更谈不到储存余财留给后人。所以孔子做官时应有尽有，离职后便粗茶淡饭，甚至绝粮。后世开始有私产，如诸葛亮有田产留给子孙。宋代当官的俸禄十分优厚，司马光还对初做官人首先问家有多少产业；认为没有衣食困扰，当官者多会清廉，因此把产业传给子孙而望其持守。后人所能达到的，也是后人的福分，但要取之有道，守之有本。我先父为官清廉节俭，所留下的遗产无愧于诸葛亮“死日无负”之语。如果司马光再世，也会赞扬先父为后代着想，使之有居官养廉之产。子孙贪图钱财不知满足，这是先父所讨厌的。勤俭就会年有积蓄，年久积累多了，当遇到吉凶等大事时，能把钱利用到该用的地方。这样才不会成为只会聚财守财的庸俗之辈。

爱惜和糟蹋东西原本是相反的两回事，但愚蠢的人往往将爱惜也变成了糟蹋。比如剩余食物应趁新鲜时给下人吃，旧衣旧鞋趁能穿时送给仆从穿。但常见一些妇人过于爱惜以至吝啬，将剩余食物珍藏起来，结果是夏天超不过一天，冬天超不过十天，便腐坏变质。旧衣旧鞋藏在箱柜中，日久以致朽烂。如此看起来似乎是在爱惜东西，实际上是在糟蹋东西。要时时提醒家人，让他们懂得这个道理，不要再犯这个过失。

（2）汪辉祖《双节堂庸训·治家》

【题解】

清代汪辉祖著有《双节堂庸训》一书，将儒家义理与自己坎坷的人生经历相结合，以朴实、平易的手法向子孙和世人训说做人的道理。作者强调浪费之风气不可开，即使浪费得很少，也会积少成多，给家中的财政带来损失；如果挥霍无度，往往会导致倾家荡产的结局。钱是身外之物，生不带来，死不带去，所以既要节约地使用，又不可过于吝啬。人在年轻的时候气血未定，自制力不强，容易受到花花世界的引诱而犯错误。汪辉祖提出不给子弟可支配的钱财，以避免他们有资本去挥霍。

【原文】

子弟勿使有私财

爱子弟辄私以财，此大谬事。天下悖理之行，皆非徒手可为。向余自十六、七岁，至三十岁，内外知识未坚，血气未定，凡目之所接、心之所萌，可以丧名、可以败俭者，无不可为。幸囊无一钱，煽诱之所不到，余亦不能与华奢子弟参错为伍，遂由强制以臻自然，得厉名节，不为大人君子所弃。欲求子弟自爱，先不可使有私财。

谨财用出入

不惟寒素之家用财以节，幸处丰泰，尤当准入量出。一日多费十钱，百日即多费千钱，“不节若则嗟若”。富家儿一败涂地，皆由不知节用而起。

财贵能用

“节用”云者，非不用也。特不宜妄用耳。“钱”之义为“泉”，取其流，无取其滞。惟事必需用，故贵有财。若疾病而靳医药，吉凶而断往来，无济于用，与无财何异？且有积之数十年而销之不过数年者，其祖父悭吝过甚，其子孙糜费必多。盈虚之道，历历不爽。

勿不义之贪财

所贵乎有财者，以能为所当为，可得体面也。若义非当，取必越分。悖礼而取之，当其取之之时，怨毒所丛，诟及父母，诅及子孙，体面已伤。此等近利之徒，不过炫裘马饰妻妾，当为之事必不能为。即为父母营养葬，为子孙求田宅，庸人羡之，达人鄙之。不体面又孰甚焉？何如安贫守分，人人敬礼者之为有体面乎？

勿争虚体面

不顾体面，必不知自立，若虚饰体面，则又万万不可。盖体面之说，起于流俗，儒者惟知有心术而已。勉争体面，不得不诡无为有。其弊也，假借子钱斥卖产业，不至水落石出不止流，至末路体面不能终保，将心术亦不能自固矣。是亦不可以已乎！

俭与吝啬不同

俭，美德也。俗以吝啬当之，误矣。省所当省曰俭；不宜省而省，谓之吝啬。顾吝与啬又有辨，《道德经》：“治人事天莫如啬”注云：“啬者，有余不尽用之意。吝，则鄙矣。”俭之为弊，虽或流于吝，然与其奢也，宁俭。治家者不可不知。

非俭不能惜福

俭之为益，非仅省财而已，惜福必多。尝见富贵之家，子孙多不肖，或动与疾病相值；勤耕务织者，往往康强，后人亦知守分，暴殄与惜福之别也。昔吾浙有达官宠妾占熊，属吏以珠补绣蟒为献，达官大悦。无识之吏闻风竞起，凡献蟒袍二百余件，皆定制顾绣，其长不逾二尺。余曰："此儿必不育，不则必败其家。"闻者大诧。余曰："蟒袍非常服可比，计二十岁状元及第，三十岁作太平宰相，八十岁荣归，亦不能衣蟒至二百余件之多。今襁褓中遽受此数，恐福已消尽耳。"皆笑余迂阔。不数岁，达官贿败，此儿纳荆部狱。未几病殇。反是以观，则惜福者延龄。古人岂欺我哉！

服用戒过奢

服饰器用，俱视各人自家身份。不自审量，务为逾分之美，不但损福，并足招尤。同侪共耦之中，人皆朴素，我独奢华，即不遭诮谑，亦莫与亲近，为轻薄子所诟，不可也；为长厚人所远，如之何其可。

【译文】

爱自己的子弟，就让他们拥有能够自己支配的钱财，这是一个大大的错误。天下那些违反道理的行为，都不是空手能干成的。以前我从十六七岁到三十岁之间这一段时期，自身的知识没有坚牢，血气没有稳定，凡是那些眼睛看到的、心里萌动的、可以让人丧失名誉、可以让人败坏俭朴品德的事情，没有不可能去做的。幸好那时我口袋中没有一个钱，煽动诱惑到不了我的身上，我也不能去和那些豪华奢侈的子弟们参差为伍，于是由强制逐渐到达了自然，得以磨炼自己的名节，没有被正人君子们所厌弃。想要让子弟洁身自爱，就先不能让他们有私财。

不仅仅是那些家境贫寒的人家在使用钱财的时候要节约，即使是有幸处于家资丰厚的人家，也尤其应当依照收入的多少来控制支出。如果一天多浪费十钱，一百天就多浪费了一千钱，“不能节制，就会嗟叹后悔”。那些富家子弟一败涂地，都是因为不知道节约用度而起。

钱是身外之物，生不带来，死不带去，所以既要节约地使用，又不可过于吝啬。守财奴斤斤计较，为人所笑，那万贯家财，在他生前既未得到有效利用，在他死后又被不肖子孙挥霍殆尽，还不如先前就没有的好。

所谓“节约用度”,并不是说不要用,只不过是说不应该乱用罢了。“钱”的意思是“泉”，取它流动的意思，而不是要它滞塞。做事情必需要用钱,所以才以有财为贵。如果生了疾病而又舍不得求医问药，遇上吉凶的大事却断绝与亲戚朋友的往来，那么对现实事务没有帮助，跟没有钱财有什么不同呢？而且有的家庭积累了数十年的钱财，却只不过用了几年就把它们消耗完了。爷爷、父亲太过于吝啬，他们的子孙就一定会浪费得很多。盈满和亏虚互相转换的道理，清清楚楚，明明白白。

拥有财物，以能够去做那些应该做的事情为贵，这样才可以获得体面。如果不符合道义，获取钱财就一定会超越职分。违背礼法去获取，在他取得的时候，人们的怨恨都聚集到他的身上，连他们的父母和子孙都要遭到咒骂，这就已经伤了体面。像这样一些贪图利益的人，只不过是炫耀自己的衣裘车马，打扮自己的妻妾，应当做的事情他一定不能做好。即使是为父母亲养老送终,为子孙买田地、营宅第，也只有庸俗的人才会去羡慕他，而通达事理的人是看不起他的。那么有谁比他更不体面呢！哪里比得上那些安于贫困，坚守本分，而人人都敬爱、都以礼相待的那些人有体面呢？

不顾及自己体面，也就一定不知道自立。但是如果去虚伪地装饰体面，则又万万不可。体面的说法，起始于世俗，而读书人只关注内心。勉强地去争体面，就不得不将无诡称为有。它的弊病，是去借高利贷、变卖产业，使家中的钱财就像水一样往外流，不到水落石出地枯竭了，就不会停止流动。这样走到穷途末路，最终体面还是不能保住，而且连自己的内心也将不能稳固了。这种事难道还要继续吗？

节俭，是一种美德。今天的世俗以为它是吝啬，这就错了。节省那些应当节省的，这就叫节俭；不应当节省的却去节省，这就叫吝啬。而且吝和啬之间又有区别。老子《道德经》说，治理人民，事奉上天，没有比节俭更重要的。王弼注说：啬，是有盈余而不完全用掉的意思；吝，就很鄙陋了。节俭的弊病，虽然有时也会流于吝的一路，然而与其奢侈，不如节俭。治家的人不可不知这个道理。

节俭的益处，并不仅仅是节省财物而已，所珍惜下来的福分也必定很多。曾经看见那些富贵之家，子孙多不肖，有的动不动就犯上疾病；而那些勤于耕作、努力织布的人们，往往健康强壮，他们的后人也知道谨守本分，这就是任意挥霍与珍惜幸福的区别。从前我们浙江有一个达官贵人的宠妾生了一个宝贝儿子，他的下属官吏献上一件绣有蟒蛇图案并缀有珍珠的小官服，达官见了十分高兴。那些没有见识的官吏闻风而动，竞相效尤，总共献上了蟒袍两百多件，全都是定做的顾名世派技法的刺绣品，其长度没有超过二尺的。我说：“这个小孩一定不会抚养成人，否则必定会败坏他们家。”听了这话的人都大为诧异。我说：“蟒袍不是普通衣服可以比拟的，就算这孩子二十岁状元及第，三十岁就做了太平宰相，八十岁才荣归故里，他所穿的蟒袍总计也不会有两百余件之多。现今他还在襁褓之中，就已享受了这个数目，恐怕他的福分已经消尽了。”他们都笑我迂腐。没有过几年，那个达官的受贿行为败露了，这个儿子也被收容进刑部的监狱，没过多久就病死了。反过来看，那些珍惜福分的人就会延年益寿。古人难道会欺骗我们吗？

每个人的服饰器用，都应该符合自己的身份。如果不自量身份，一定要去追求过分的享受，不但会损伤福分，而且足以招来别人的指责。在同辈之中，别人都很朴素，唯独我很奢华，即使没遭到别人的指责和谑笑，也没有人会与自己亲近了。如果被那些轻薄的人所诟骂是不可以的，那么被尊长厚道的人所疏远，又怎么可以呢？[①]

① 郭齐家、李茂旭主编：《中华传世家训经典第3卷》，人民日报出版社2009年版，第1062页。

第五章

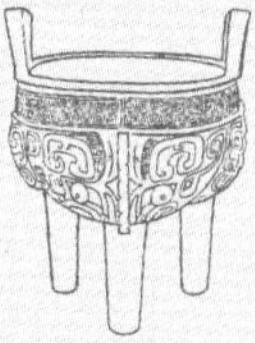

中外名人名言中的克勤克俭

致富始于勤俭

俭以养德

业精于勤

克勤于邦，克俭于家

1 致富始于勤俭

食不可不务，地不可不力，用不可不节。

——（春秋）墨翟

侈而惰者贫，而力而俭者富。

——（战国）韩非

人生在勤，不索何获?

——（汉）张衡

激浊而扬清，废贪而立廉。

——（唐）柳宗元

国家府库，出纳有常。

——（唐）陆贽

由俭入奢易，由奢入俭难。

——（宋）司马光

制俗以俭，其弊为奢。

——（宋）王安石

饱暖非天降，赖尔筋与力。

——（明）刘基

天下事，以难而废者，十之一；以惰而废者，十之九。

——（清）曾国藩

黄金世界正在手，人出双手能维持。

——（清）黄遵宪

只勤不俭，好比竹篮提水；只俭不勤，好比无源之水；既勤且俭，好比水库蓄水。

——曹龙其

富人如果把金钱放在你手中，你不要对这点恩惠太看重，因为圣人曾经这样教诲：勤劳比黄金可贵。

——［波斯］萨迪

节俭——穷人的财富，富人的智慧。

——［法］大仲马

对于浪费的人，金钱是圆的；可是对于节俭的人，金钱是扁平的，是可以一块块堆积起来的。

——［法］巴尔扎克

节俭是避免不必要开支的科学，是合理安排我们财富的艺术。

——［法］塞内加

节俭贵于黄金。

——［法］雨果

要工作，要勤劳，劳作是最可靠的财富。

——［法］拉·封丹

一般说来，“节俭”两个字的解释，似乎是“省钱的方法”；其实不对，应该解释为“用钱的方法”。我们应该把钱用得清清楚楚，十分恰当，那就是真正的节俭。

——［法］安德烈·纪德

一个人从借钱开始，往往会以乞讨收场。

——［美］海明威

你知道怎样减少消费，要比怎样赚钱更清楚的话，你就拥有了点金石。

——［美］富兰克林

挥霍无度的人，等于将自己的前途抵押了出去。

——［美］富兰克林

我甚至告诉我的员工，在生产的时候不要浪费一分钱，如果我们浪费了一分钱，就等于我们从顾客的口袋里多拿出一分钱，如果我们在顾客的口袋里多拿出一分钱就意味着我们失去了一部分的市场。而如果我们能把这一分钱节省下来，那么我们的产品就会在市场中多一份竞争力。

——［美］山姆·沃尔顿

对大企业来讲，节俭、稳定和摩擦的减少是至关重要的。

——［美］金·坎普·吉列

一万元有一万元的价值，我们要在生活中，尽量运用金钱的价值，以安康、没有浪费的生活方式，享受人类尊贵的生活意义。

——［日］松下幸之助

善于合理地、节省地支出资金——这是极其重要的艺术，并不是一下子就掌握的。

——［前苏联］斯大林

既然思想存在于劳动之中，人就要靠劳动而生存。

——［前苏联］苏霍姆林斯基

有总是从无开始的，是靠两只手和一个聪明的脑袋变出来的。

——［西］松苏内吉

节俭所积蓄之物，均由勤劳而得。但若只有勤劳，无节俭，有所得而无所贮，资本决不能加大。

——［英］亚当·斯密

知道什么时候该花钱，什么时候该节约，你就不必整天忙忙碌碌，也就永远不会变穷。

——［英］托·富勒

劳动是财富之父，土地是财富之母。

——［英］威廉·配第

要想收支平衡，就要该花的花，该省的省。

——［英］蒲柏

小处不省钱袋空。

——［英］托·莫尔

你不往钱包里放钱，就无法从里面取出钱来。

——［英］托·富勒

生活要讲俭朴，免得落个贫穷潦倒的结局；许多细账加起来往往是一笔可观的财富。

——［英］赫里克

2 俭以养德

君子以俭德辟难。

——《周易·否》

奢则不孙，俭则固。与其不孙也，宁固。

——（春秋）孔子

富与贵，是人之所欲也。不以其道得之，不居也。

——（春秋）孔子

戈矛之刺，不如恭俭之利。

——（战国）荀卿

躬俭安贫，白首一节。

——（汉）刘苍

嗜欲之原灭，廉正之心生。

——（汉）刘向

静以修身，俭以养德。

——（三国）诸葛亮

不戚戚于贫贱，不汲汲于富贵。

——（晋）陶渊明

恣其骄奢，则危亡之期可立待。

——（唐）李世民

珍宝满目，何解饥寒。

——（唐）李世民

若用之不节，宁敛之欲薄，其可得乎？

——（唐）杜佑

奢者狼藉俭者安，一凶一吉在眼前。

——（唐）白居易

奢者富不足，俭者贫有余；奢者心常贫，俭者心常富。

——（唐）谭峭

豪华尽出成功后，逸乐安知与祸双。

——（宋）王安石

惟俭可以助廉，惟恕可以成德。

——（宋）范纯仁

奢则妄取苟取，志气卑辱；一从俭约，则于人无求，于己无愧，是可以养气也。

——（宋）罗大经

珠玉非宝，节俭是宝。

——（明）朱元璋

俭守勿失，以遗子孙。

——（清）唐甄

富贵足以愚人，而贫贱足以立志而凌慧。

——（清）郑燮

对自己要节俭，对他人则要慷慨。处理一切事情以他人利益为出发点。

——李嘉诚

不要为自己的生活俭朴而羞，应该以为骄傲。

——［俄］列夫·托尔斯泰

节约和勤勉是人类两大名医。

——［法］卢梭

奢侈只是从他人的劳动中获取安乐而已。

——［法］孟德斯鸠

奢侈总是跟随着淫乱，淫乱总是跟随着奢侈。

——［法］孟德斯鸠

爱俭朴限制了占有欲。

——［法］孟德斯鸠

奢侈的必然后果——风化的解体——反过来又引起了趣味的腐化。

——［法］卢梭

奢侈会破坏人们的心灵纯质，因为不幸的是，你获得愈多，就愈贪婪，而且确实总感到不能满足自己。

——［法］安格尔

节俭是你一生中食不完的美宴。

——［美］爱默生

一切出色的东西都是朴素的。

——［前苏联］高尔基

完善的新人应该是在劳动之中和为了劳动而培养起来的。

——［英］欧文

以为节俭是一种不漂亮的行为的人，是最荒唐无稽的。

——［英］萧伯纳

节俭是艺术，它能使人最大限度地享用生活。

——［英］萧伯纳

世传的财富往往造成后代的恶行。

——［英］乔叟

要养成节俭的习惯，以免放荡的罪恶临到我们身上。

——［英］马尔顿

3 业精于勤

天将降大任于斯人也，必先苦其心志，劳其筋骨，饿其体肤，空乏其身，行拂乱其所为，所以动心忍性，增益其所不能。

——（战国）孟轲

不勤于始，将悔于终。

——（唐）吴兢

业精于勤荒于嬉，行成于思毁于随。

——（唐）韩愈

体力劳动是防止一切社会病毒的伟大的消毒剂。

——［德］马克思

劳动是社会中每个人不可避免的义务。

——［法］卢梭

在人的生活中最主要的是劳动训练。没有劳动就不可能有正常的人的生活。

——［法］卢梭

我每天上百次地提醒自己：我的精神生活和物质生活都依靠着别人（包括生者和死者）的劳动，我必须尽力以同样的分量来报偿我所领受了的和至今还在领受着的东西。我强烈地向往着俭朴生活，并且时常为发觉自己占有了同胞的过多劳动而难以忍受。

——［美］爱因斯坦

我知道什么是劳动：劳动是世界上一切欢乐和一切美好事情的源泉。

——［前苏联］高尔基

在重视劳动和尊重劳动者的基础上，我们有可能来创造自己的新的道德。——劳动和科学是世界上最伟大的两种力量。

——［前苏联］高尔基

热爱劳动吧。没有一种力量能像劳动，即集体、友爱、自由的劳动的力量那样使人成为伟大和聪明的人。

——［前苏联］高尔基

劳动永远是人类生活的基础，是创造人类文化幸福的基础。

——［前苏联］马卡连柯

勤劳一日，可得一夜的安眠；勤劳一生，可得幸福的长眠。

——［意］达·芬奇

劳动是产生一切力量、一切道德和一切幸福的威力无比的源泉。

——［意］拉·乔乃尼奥里

4 克勤于邦，克俭于家

俭节则昌，淫佚则亡。

——（春秋）墨翟

节取于民，而普施之。

——（春秋）晏婴

故其用财节，其自养俭，民富国治。

——（春秋）墨翟

节衣服饮食之养，以先国之民，犹恐其侈靡两不顾其行也。

——（春秋）晏婴

足国之道：节用裕民，善臧其余。

——（战国）荀卿

强本节用，人治家足之道也。

——（汉）司马谈

农殖者，为政之本，有国之大务。

——晋·石苞

育物济人，必资予食；家给人足，本藉于农。

——（唐）李世民

当以俭化天下，则国富而兵可用。

——（唐）归案敌

不念居安思危，戒奢以俭；斯以伐根而求木茂，塞源而欲流长也。

——（唐）魏徵

克俭节用，实弘道之源；崇侈恣情，败德之本。

——（唐）玄素

临官莫如平，临财莫如廉。

——（唐）白居易

不节，则虽盈必竭；能节，则虽虚必盈。

——（唐）陆贽

历览前贤国与家，成由勤俭破由奢。

——（唐）李商隐

忧劳可以兴国，逸豫可以亡身。

——（宋）欧阳修

文臣不爱钱，武臣不惜死，天下太平矣。

——（宋）岳飞

廉者，民之表也；贪者，民之贼也。

——（宋）包拯

既富岂可骄？既贵岂可侈？有骄侈之心，虽富贵岂能保？处富贵者，正当抑奢侈、宏俭约、戒嗜欲犹恐不足以慰民望，况穷天下之技巧，以为一己之奉乎？

——（明）朱元璋

艰难得之，艰难守之。

——（明）朱元璋

清风两袖朝天去，免得闾阎（老百姓）话短长。

——（明）于谦

节己以裕众，是为俭德。

——（明）方孝孺

勤与俭，治生之道也。不勤，则寡入；不俭，则贫贱。

——（明）朱柏庐

国奢示之以俭，君子之行，宰相之事也。

——明）顾炎武

享天下之大福者，必先天下之大劳；宅天下之至贵者，必执天下之至贱。

——（明）顾炎武

厚生之道，全在勤治农桑。

——（清）皇太极

民之生也，莫置于粟，遂其生者，莫置于农。

——（清）王夫之

人君能俭，则百官化之。庶民化之，予是官不扰民，民不伤财。

——（清）唐甄

朴者，天地之始气，在物为萌，在时为春，在人为婴孩，在国为将兴之候。奢者，天地之终气，在物为茂，在时为秋，在人为老多欲，在国为将亡之候。

——（清）唐甄

诸侯能恭俭者，保国之君也；大夫能恭俭者，保家之主也。

——（清）唐甄

公生明，廉生威。

——（清）李惺

一生之计在勤，一年之计在春，一日之计在寅。治国、治家、治身、治心，道岂有先于此者乎？似勤尤要。

——（清）孙奇逢

承先祖一脉相传，克勤克俭；教子孙两行正路，惟耕惟读。

——（清）王士稹

大约世家子弟，钱不可多衣不可多。事虽至小，所关颇大。

——（清）曾国藩

财薄愁少，居家之道，惟崇俭可以长久。

——（清）曾国藩

今虽府库充盈，宜以节俭为要。

——（清）梁诗正

欲求富强，当先崇节俭。

——（清）陶模

清贫，洁白朴素的生活，正是我们革命者能够战胜许多困难的地方！

——方志敏

我们的国家一要勤，二要俭，不要懒，不要豪华。要使我国富强起来，需要几十年艰苦奋斗的时间，其中包括执行厉行节约、反对浪费这样一个勤俭建国的方针。

——毛泽东

我们可以教育孩子们把他们的钱积攒起来，不能不加考虑地乱花。但这并不是积极的方式，它并没有引导孩子学会安全有用的花销方式。教育孩子如何投资和使用钱，要比教育他们节约更好。

——［美］亨利·福特

我们为每一位顾客降低生活开支。我们要给世界一个机会，来看一看通过节约的方式改善所有人的生活是什么样子。

——［美］山姆·沃尔顿

勤劳者之家，饥饿窥之而不能入。

——［美］富兰克林

管家犹如治国，需要很多学问，但从中人们也能学到很多知识。

——［美］爱默生

第六章

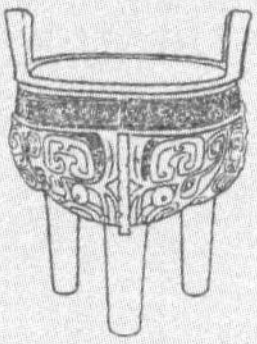

克勤克俭主题的经典文献赏析

左丘明：《叔向贺贫》

贾谊：《论积贮疏》

刘义庆：《庾亮啖薤》

魏徵：《谏太宗十思疏》

吴兢：《贞观政要》（节选）

司马光：《训俭示康》

周恩来：《一生之计在于勤》

方志敏：《清贫》

孟德斯鸠：《论法的原则》（节选）

培根：《谈财富》

1 左丘明:《叔向贺贫》[①]

【原文】

叔向见韩宣子，宣子忧贫，叔向贺之。宣子曰:“吾有卿之名而无其实，无以从二三子，吾是以忧，子贺我，何故？”

对曰:“昔栾武子无一卒之田，其宫不备其宗器，宣其德行，顺其宪则，使越于诸侯。诸侯亲之，戎狄怀之，以正晋国。行刑不疚，以免于难。及桓子，骄泰奢侈，贪欲无艺，略则行志，假货居贿，宜及于难，而赖武之德以没其身。及怀子，改桓之行，而修武之德，可以免于难，而离桓之罪，以亡于楚。夫郤昭子，其富半公室，其家半三军，恃其富宠，以泰于国。其身尸于朝，其宗灭于绛。不然，夫八郤，五大夫，三卿，其宠大矣，一朝而灭，莫之哀也，唯无德也。今吾子有栾武子之贫，吾以为能其德矣，是以贺。若不忧德之不建，而患货之不足，将吊不暇，何贺之有？”

宣子拜，稽首焉，曰:“起也将亡，赖子存之，非起也敢专承之，其自桓叔以下，嘉吾子之赐。”

【译文】

叔向去拜见韩宣子，韩宣子正为贫困而发愁，叔向却向他表示祝贺。宣子说:“我有卿大夫的名称，却没有卿大夫的财富，没有什么荣誉可以跟其他的卿大夫们交往，我正为此发愁，你却祝贺我，这是什么缘故呢？”

① 吴楚材、吴调侯编著:《古文观止》，万卷出版公司2014年版，第45页。

叔向回答说："从前栾武子没有百顷田地，家里穷得连祭祀的器具都备不齐全；可是他能够传播德行，遵循法制，名闻于诸侯各国。各诸侯国都亲近他，一些少数民族都归附他，因此使晋国安定下来。执行法度，没有弊病，因而避免了灾难。传到桓子时，他骄傲自大，奢侈无度，贪得无厌，犯法胡为，放利聚财，该当遭到祸难，但依赖他父亲栾武子的余德，才得以善终。传到怀子时，怀子改变他父亲桓子的行为，学习他祖父武子的德行，本来可以凭这一点免除灾难，可是受到他父亲桓子的罪孽连累，因而逃亡到楚国。那个郤昭子，他的财产抵得上晋国公室财产的一半，他家里的佣人抵得上三军的一半，他依仗自己的财产和势力，在晋国过着极其奢侈的生活，最后他的尸体在朝堂上示众，他的宗族在绛这个地方被灭亡了。如果不是这样的话，那八个姓郤的中有五个做大夫，三个做卿，他们的权势够大的了，可是一旦被诛灭，没有一个人同情他们，只是因为没有德行的缘故！现今你有栾武子的清贫境况，我认为你能够继承他的德行，所以表示祝贺，如果不忧愁德行的建立，却只为财产不足而发愁，我表示哀怜还来不及，哪里还能够祝贺呢？"

宣子于是下拜，并叩头说："我正在趋向灭亡的时候，全靠你拯救了我。你的恩德我韩起不敢独自承受，从我祖辈桓叔以下的子孙，都要感谢您的恩赐。"①

【赏析】

《叔向贺贫》是一个选自《国语》的教育故事，本文引用历史事实，阐明了贫不足忧，而应重视建德，没有德行，则愈富有而祸害愈大，有德行则可转祸为福的道理。

① 吴楚材，吴调侯编著：《古文观止》，万卷出版公司2014年版，第45页。

2 贾谊：《论积贮疏》[1]

【原文】

管子曰：“仓廪实而知礼节。”民不足而可治者，自古及今，未之尝闻。古之人曰：“一夫不耕，或受之饥；一女不织，或受之寒。”生之有时而用之亡度，则物力必屈。

古之治天下，至纤至悉也，故其畜积足恃。今背本而趋末，食者甚众，是天下之大残也；淫侈之俗，日日以长，是天下之大贼也。残贼公行，莫之或止；大命将泛，莫之振救。生之者甚少，而靡之者甚多，天下财产，何得不蹶！

汉之为汉，几四十年矣，公私之积，犹可哀痛，失时不雨，民且狼顾；岁恶不入，请卖爵子，既闻耳矣。安有为天下阽危者若是而上不惊者？世之有饥穰，天之行也，禹、汤被之矣。即不幸有方二三千里之旱，国胡以相恤？卒然边境有急，数十百万之众，国胡以馈之？兵旱相乘，天下大屈，有勇力者聚徒而衡击，罢夫羸老易子而咬其骨。政治未毕通也，远方能疑者，并举争起矣。骇而图之，岂将有及乎？

夫积贮者，天下之大命也。苟粟多而财有余，何为而不成？以攻则取，以守则固，以战则胜。怀敌附远，何招而不至？今殴民而归之农，皆著于本，使天下各食其力，末技游食之民，转而缘南亩，则畜积足而人乐其所矣。可以为富安天下，而直为此廪廪也！窃为

① 王岳川：《一生要读知的100篇中国名文》，中国戏剧出版社2004年版，第200页。

陛下惜之！

【译文】

管子说：“粮仓装满了，人们才会讲究礼节。”老百姓没有足够的粮食而国家却能够治理好，这种事例从古到今从来没有听说过。古人说过这样的话：“一个男性劳动力不耕田种地，就会有人挨饿；一个女性劳动力不养蚕织布，就会有人受冻。”生产粮食等生活物资需要一定的时间，但使用起来却没有限度，那么物资就一定会匮乏。古代的君主治理国家，工作细致，考虑周到，所以他们的物资储备就足以依赖。如今人们放弃农业生产去从事工商业活动，需要国家养活的人很多，这对国家来说是个很大的害处。铺张浪费的风气，一天比一天盛行，这也是国家的一个大害。弃农经商、铺张浪费的行为公然流行，没有人出来制止，国家的命运将要倾覆了，没有人来拯救！从事粮食、物资生产的人很少，可是挥霍浪费的人却很多，一个国家的物资怎么可能不匮乏呢！

汉朝立国已经将近四十年了，但国家和私人粮食储备还少得令人心忧！耕种季节的雨水不足，老百姓就有顾虑；农作物收成不好，国家就只好卖爵位，人民就只能卖儿卖女，这些事情大概皇上都听说了吧。一个国家出现这样危急的情况，居上位治理国家的人怎么能不惊慌忧虑呢？农业生产上有歉收，也有丰收，这是自然的规律，夏禹、商汤都遇到过有灾荒的年头。现在如果不幸有方圆二三千里的地方发生旱灾，国家用什么来救济老百姓呢？或者突然间边疆有紧急军情，要出动上千、上百万的军队，国家用什么来保证军队的后方供给呢？战事、旱灾相继发生，国家的物资都消耗一空，那些年轻力壮的人只好聚众抢劫，老弱病残的人就只能交换子女来充饥了！国家的治理没有走上正常的轨道，边远地区那些有野心的人就会相继造反。到那时才产生警觉，策划平定的方法，难道还来得及吗？

粮食、物资的储备，是一个国家的血脉。如果一个国家的粮食充足、物资丰富，还有什么事情办不到的？凭这种优势去进攻别的国家，就会无坚不摧；凭这种优势来抵抗敌人侵扰，就会牢不可破；凭这种优势去抗击敌人，就会战无不胜；凭这种优势去安抚远方的人，又有谁敢不归顺！现在如果能够采取措施，促使老百姓回去从事农业生产，让他们牢固地依附在土地上，使全国的人都自食其力，迫使那些从事工商业的人和无业游人都回转到农村去从事耕作，那么国家和私人的粮食以及其他物资的储备就会充裕起来，人们就会安居乐业了。本来是可以让国家富裕、社会安定的，如今却出现这样令人担忧的情况，我私下为皇上感到可惜！

【赏析】

汉文帝二年（前178年），贾谊针对当时“背本趋末”（弃农经商）、“淫侈之风，日日以长”的现象，上《论积贮疏》，提出重农抑商的经济政策，主张发展农业生产，加强粮食贮备，预防饥荒。汉文帝采纳了他的建议，下令鼓励农业生产。他的重视发展农业，提倡积贮的思想，即使至今，也仍有借鉴的价值。

3 刘义庆：《庾亮啖薤》[①]

【原文】

苏峻之乱，庾太尉南奔见陶公，陶公雅相赏重。陶性俭吝，及食，

① （南朝宋）刘义庆著：《世说新语》，北京时代华文书局2014年版，第346—350页。

啖薤，庾因留白。陶问：“用此何为？”庾云：“故可种。”于是大叹庾非唯风流，兼有治实。

【译文】

苏峻叛乱时，太尉庾亮南逃去见陶侃，陶侃很赞赏并重视他。陶侃本性吝啬，到吃饭的时候，给他吃薤头，庾亮顺手留下薤白。陶侃问他：“要这东西做什么？”庾亮说：“仍旧可以种。”于是陶侃极力赞叹庾亮不仅风雅，同时有治国的实际才能。

【赏析】

这个故事出自《世说新语·俭啬》。庾亮是东晋时期外戚、名士。他姿容俊美，善谈玄理，又遵守礼法，为人严肃庄重。苏峻之乱时，苏峻攻入京师后，庾亮逃奔求见陶侃。庾亮知道陶侃素来节俭，在吃薤菜（就是野蒜）时，特地留下根，这一举动打动了陶侃，陶侃认为庾亮是有政治能力的人，于是同意联合庾亮平定了动乱。

4 魏徵：《谏太宗十思疏》①

【原文】

臣闻：求木之长者，必固其根本；欲流之远者，必浚其泉源；思国之安者，必积其德义。源不深而望流之远，根不固而求木之长，德不厚而思国之治，臣虽下愚，知其不可，而况于明哲乎？人君当神器之重，居域中之大，将崇极天之峻，永保无疆之休。不念居安思危，

① 卞孝萱：《中国古代文学作品选：隋唐五代宋金元卷》，华中师范大学出版社1999年版，第226页。

戒奢以俭，德不处其厚，情不胜其欲，斯亦伐根以求木茂，塞源而欲流长也。

凡百元首，承天景命，莫不殷忧而道著，功成而德衰，有善始者实繁，能克终者盖寡。岂其取之易守之难乎？昔取之而有余，今守之而不足，何也？夫在殷忧必竭诚以待下，既得志则纵情以傲物；竭诚则吴、越为一体，傲物则骨肉为行路。虽董之以严刑，震之以威怒，终苟免而不怀仁，貌恭而不心服。怨不在大，可畏惟人；载舟覆舟，所宜深慎。奔车朽索，其可忽乎？

君人者，诚能见可欲，则思知足以自戒；将有作，则思知止以安人；念高危，则思谦冲而自牧；惧满溢，则思江海下百川；乐盘游，则思三驱以为度；忧懈怠，则思慎始而敬终；虑壅蔽，则思虚心以纳下；惧谗邪，则思正身以黜恶；恩所加，则思无因喜以谬赏；罚所及，则思无以怒而滥刑。总此十思，宏兹九德，简能而任之，择善而从之，则智者尽其谋，勇者竭其力，仁者播其惠，信者效其忠；文武争驰，君臣无事，可以尽豫游之乐，可以养松乔之寿，鸣琴垂拱，不言而化。何必劳神苦思，代下司职，役聪明之耳目，亏无为之大道哉？

【译文】

我听说想要树木生长，一定要稳固它的根；想要泉水流得远，一定要疏通它的源泉；想要国家安定，一定要厚积道德仁义。源泉不深却希望泉水流得远，根系不牢固却想要树木生长，道德不深厚却想要国家安定，我虽然地位低见识浅，也知道这是不可能的，更何况您这聪明睿智的人呢！国君处于皇帝的重要位置，在天地间尊大，就要推崇皇权的高峻，永远保持政权的和平美好。如果不在安逸的环境中想着危难，戒奢侈，行节俭，道德不能保持宽厚，性情不能克服欲望，这也如同挖断树根来求得树木茂盛，堵塞源泉而想要泉水流得远啊。

古代所有的帝王，承受了上天赋予的重大使命，他们没有一个不为国家深切地忧虑而且治理成效显著的，但大功告成之后国君的品德就开始衰微了。国君开头做得好的确实很多，能够坚持到底的大概不多，难道是取得天下容易守住天下困难吗？过去夺取天下时力量有余，现在守卫天下却力量不足，这是为什么呢？通常处在深重的忧虑之中一定能竭尽诚心来对待臣民，已经成功，就放纵自己的性情来傲视别人。竭尽诚心，虽然一在北方，一在南方，也能结成一家，傲视别人，就会使亲人成为陌路之人。即使用严酷的刑罚来督责人们，用威风怒气来吓唬人们，臣民只求苟且免于刑罚而不怀念感激国君的仁德，表面上恭敬而内心却不服气。臣民对国君的怨恨不在大小，可怕的只是百姓，他们像水一样能够负载船只，也能颠覆船只，这是应当深切谨慎的。疾驰的马车却用腐烂的绳索驾驭，怎么可以疏忽大意呢？

做国君的人，真的能够做到一见到自己喜好的东西，就想到用知足来自我克制；将要兴建什么，就要想到适可而止来使百姓安定；想到帝位高高在上，就想到要谦虚并加强自我约束；害怕骄傲自满，就想到要像江海那样能够处于众多河流的下游；喜爱狩猎，就想到网三面留一面；担心意志松懈，就想到做事要慎始慎终；担心言路不通受蒙蔽，就想到虚心采纳臣下的意见；考虑到朝中可能会出现谗佞奸邪，就想到使自身端正才能罢黜奸邪；施加恩泽，就要考虑到不要因为一时高兴而奖赏不当；动用刑罚，就要想到不要因为一时发怒而滥用刑罚。全面做到这十件应该深思的事，弘扬这九种美德，选拔有才能的人而任用他，挑选好的意见而听从它，那么有智慧的人就能充分献出他的谋略，勇敢的人就能完全使出他的力量，仁爱的人就能散播他的恩惠，诚信的人就能献出他的忠诚。文臣武将争先恐后前来效力，国君和大臣就没有大事烦扰，可以尽情享受出游的快乐，可以颐养得像赤松子与王子乔那样长寿，皇上弹着琴垂衣拱手就能治理好天下，不用再说什么，天下人就已经都有教化了。为什么一定要自己劳神费思，代替臣下管理职事，役使自己灵敏、明亮的耳、眼，有损顺其自然就能治理好天下的大道理呢！

【赏析】

唐太宗李世民在隋代末年，跟随他父亲李渊作战时，奋发有为，生活尚能俭朴，但在唐王朝政权稳定之后，生活逐渐奢靡；魏徵很以为忧，屡次上疏进谏，本文就是他奏疏中的一篇。文中指出：国君必须居安思危，戒奢以俭，这样才能“垂拱而治”。

5 吴兢：《贞观政要》（节选）[1]

【原文】

贞观元年，太宗谓侍臣曰：“自古帝王凡有兴造，必须贵顺物情。昔大禹凿九山，通九江，用人力极广，而无怨讟者，物情所欲，而众所共有故也。秦始皇营建宫室，而人多谤议者，为徇其私欲，不与众共故也。朕今欲造一殿，材木已具，远想秦皇之事，遂不复作也。古人云：‘不作无益害有益。’‘不见可欲，使民心不乱。’固知见可欲，其心必乱矣。至如雕镂器物，珠玉服玩，若恣其骄奢，则危亡之期可立待也。自王公以下，宅第、车服、婚嫁、丧葬，准品秩不合服

① （唐）吴兢著、滕帅、李明译注：《贞观政要》，岳麓书社2014年版，第253页。

用者，宜一切禁断。”由是二十年间，风俗简朴，衣无锦绣，财帛富饶，无饥寒之弊。

贞观二年，公卿奏曰：“依《礼》，季夏之月，可以居台榭。今夏暑未退，秋霖方始，宫中卑湿，请营一阁以居之。”太宗曰：“朕有气疾，岂宜下湿？若遂来请，糜费良多。昔汉文将起露台，而惜十家之产，朕德不逮于汉帝，而所费过之，岂为人父母之道也？”固请至于再三，竟不许。

贞观四年，太宗谓侍臣曰：“崇饰宫宇，游赏池台，帝王之所欲，百姓之所不欲。帝王所欲者放逸，百姓所不欲者劳弊。孔子云：‘有一言可以终身行之者，其恕乎！己所不欲，勿施于人。’劳弊之事，诚不可施于百姓。朕尊为帝王，富有四海，每事由己，诚能自节，若百姓不欲，必能顺其情也。”魏徵曰：“陛下本怜百姓，每节己以顺人。臣闻‘以欲从人者昌，以人乐己者亡’。隋炀帝志在无厌，惟好奢侈，所司每有供奉营造，小不称意，则有峻罚严刑。上之所好，下必有甚，竞为无限，遂至灭亡。此非书籍所传，亦陛下目所亲见。为其无道，故天命陛下代之。陛下若以为足，今日不啻足矣；若以为不足，更万倍过此，亦不足。”太宗曰：“公所奏对甚善。非公，朕安得闻此言？”

贞观十六年，太宗谓侍臣曰：“朕近读《刘聪传》，聪将为刘后起仪殿，廷尉陈元达切谏，聪大怒，命斩之。刘后手疏启请，辞情甚切，聪怒乃解，而甚愧之。人之读书，欲广闻见以自益耳，朕见此事，可以为深诫。比者欲造一殿，仍构重阁，今于蓝田采木，并已备具，远想聪事，斯作遂止。”

贞观十一年，诏曰：“朕闻死者终也，欲物之反真也；葬者藏也，欲令人之不得见也。上古垂风，未闻于封树；后世贻则，乃备于棺椁。讥僭侈者，非爱其厚费；美俭薄者，实贵其无危。是以唐尧，圣帝也，谷林有通树之说；秦穆，明君也，橐泉无丘陇之处。仲尼，孝子也，防墓不坟；延陵，慈父也，嬴、博可隐。斯皆怀无穷之虑，成独决之明，乃便体于九泉，非徇名于百代也。洎乎阖闾违礼，珠玉为凫雁；始皇无度，水银为江海；季孙擅鲁，敛以玙璠；桓魋专宋，葬以石椁，莫不因多藏以速祸，由有利而招辱。玄庐既发，致焚如于夜台；黄肠再开，同暴骸于中野。详思曩事，岂不悲哉？由此观之，奢侈者可以为戒，节俭者可以为师矣。朕居四海之尊，承百王之弊，未明思化，中宵战惕。虽送往之典详诸仪制，失礼之禁著在刑书，而勋戚之家多流遁于习俗，闾阎之内或侈靡而伤风，以厚葬为奉终，以高坟为行孝，遂使衣衾棺椁极雕刻之华，灵輀冥器穷金玉之饰。富者越法度以相尚，贫者破资产而不逮，徒伤教义，无益泉壤，为害既深，宜为惩革。其王公以下，爰及黎庶，自今以后，送葬之具有不依令式者，仰州府县官明加检察，随状科罪。在京五品以上及勋戚家，仍录奏闻。"

岑文本为中书令，宅卑湿，无帷帐之饰。有劝其营产业者，文本叹曰："吾本汉南一布衣耳，竟无汗马之劳，徒以文墨致位中书令，斯亦极矣。荷俸禄之重，为惧已多，更得言产业乎？"言者叹息而退。

户部尚书戴胄卒，太宗以其居宅弊陋，祭享无所，令有司特为之造庙。

温彦博为尚书右仆射，家贫无正寝，及薨，殡于旁室。太宗闻而嗟叹，遽命所司为造，当厚加賻赠。

魏徵宅内，先无正堂。及遇疾，太宗时欲造小殿，而辍其材为征营构，五日而就。遣中使素褥布被而赐之，以遂其所尚。

【译文】

贞观元年，太宗对侍臣说："自古帝王凡是有兴土木的大事，必须以物资人力来衡量利弊。当初大禹凿九山，通九江，用的人力极为多数，而没有抱怨的人，顺应了力量，众人能享受建设成果。秦始皇营建宫室，但人民非常反对，因为（始皇）是为了满足其私欲，不和人民一起享受。朕现在想造一座宫殿，材木工具已经准备就绪，但想想秦始皇的事，所以打算放弃。古人曾说：‘不做没有益处的事，只挑有益的做。’‘不显耀可以引起贪欲的财货，免得搞乱人民清净的心思。’所以可知显耀财货，他的心一定被污浊了。就像雕镂器物，珠玉服玩，如果只知道享受它们，那么灭亡的时候就能数着日子到来了。自王公及之下，宅第、车服、婚嫁、丧葬，若装饰过于豪华，便一切都停止供应并查处。”所以二十年来，风俗简朴，衣服没有锦绣，财产富饶，没有饥饿的不好情况。

贞观二年，公卿上奏说：“依《礼》中所讲的，六月夏日，可以居住在凉台，但是现在夏天暑气没有退却，秋天凉气刚刚开始，皇宫中非常潮湿，所以请求修建一座暖阁让您居住。”太宗说：“朕有哮喘病，难道就不怕潮湿？但如果修建的话，会浪费许多人力物力。以前汉文帝想修建露台，因为怜惜十户百姓家产（而放弃这个想法），朕功德不及汉文帝，而比他还要奢侈浪费，难道是为人父母的道理吗？”所以再三上书，太宗就是不允许。

贞观四年，唐太宗对大臣说：“用华丽装饰宫殿，游览、观赏池台，是帝王想做的事情，（也是）百姓不希望（帝王）做的事情。帝王想要做这些的原因是要享乐，百姓不希望的原因是（那样会造成他们）劳弊。孔子说：‘有一句话可以终身施行，那就是‘恕’！己所不欲，勿施于人。’劳弊的事情，实在不可以强加在百姓身上。我尊为帝王，富有四海，每件事都可以自己决定，确实想自我约束，百姓不想做的，就顺应他们的意思。”魏徵说：“陛下本来已经爱民，每每约束自己来顺应百姓。臣听说：‘为别人着想的人能康健，以自私夺利为思想的人不能长存。'隋炀帝思想贪得无厌，只喜欢奢侈，主管官员一旦有大工程，稍不如意，就以严刑待之。上级喜欢的，下级就千方百计奉承，长此恶性循环，直到灭亡的一天，不是书中记载，陛下也亲眼目睹过。因为他（炀帝）暴虐，所以顺应天命让陛下取代。陛下如果能吸取教训，现在就不仅仅是这样了。如果不知足，就比这还要严重得多。"太宗说："爱卿所说的很好！不是你，朕怎么能听到这番忠言？"

贞观十六年，唐太宗对大臣们说："我近来读《刘聪传》，书中说刘聪准备给他的刘皇后建造华丽的宫殿，廷尉陈元达对此痛切地陈词，竭力劝谏刘聪不要这样做，刘聪听后大怒，命令把陈元达斩首。后来，刘皇后亲手写了奏疏替陈元达求情，在文辞和道理上都很恳切，刘聪的怒气这才平息下来，而且内心感到很惭愧。人们读书，都是要增长见识，使自己获得益处，我看这件事，可以作为借鉴。近来我想营建一座宫殿，并加造层楼，现在从蓝田采办的木料，都已齐备。但遥想起刘聪这件事，我就把这项营建工程停止了。"

贞观十一年，唐太宗下令说："我听说，死是人生的终结，它让人回归到自然，葬就是收藏，要让别人不能再看到自己。上古的风俗，并没有堆坟树碑。只是到了后世，才在葬礼仪式上下工夫。有人讥刺葬礼奢侈，这并非是吝惜钱财，而是为了提倡节俭薄葬，避免贻害自己和子孙。所以，唐尧很圣明，死后葬在谷林，仅在坟边栽上树木作为标记。秦穆公是明君，去世后葬在橐泉，并没修筑高大的陵墓。孔子是孝子，他把双亲合葬在防这个地方，只有墓穴而不堆坟。延陵是慈父，他本可以在嬴、博两地之间埋葬他的儿子，但他没有这样做，因为他心里怀着长远的考虑，他要使儿子的尸体安然地埋于地下，而不是为了获得后世的赞美之辞。相反，吴王阖闾违背礼制，用珠玉做成野鸭大雁，作为陪葬。秦始皇荒淫无度，坟墓里有水银做的江河大海。季孙在鲁国擅政，他用玛瑙之类的美玉装殓尸体。桓魋在宋国专权，墓葬建造石椁。这些人都是因为在墓里埋藏了大量的财物而招致了灾祸，由于墓里有利可图而遭受折辱。有的坟墓在发掘之后，葬器被焚烧在墓穴中，有的棺椁被打开，尸骸暴露在旷野。仔细思量往事，岂不让人悲哀。由此看来，奢侈的人可以作为我们的鉴戒，节俭的人可以为人师表。我位居四海之尊，承接百王之弊，如果不明白如何教化百姓，睡到半夜都会为之恐惧忧虑。虽然现在丧葬的法规，在仪制中已经有详细的记载，对违礼的处罚，也在刑书中写明了，但是皇亲贵族之中依然有很多人还在沿袭着陈旧的习俗，民间很多百姓也在葬礼时奢侈靡费，伤风败俗，用厚葬来供奉死者，用高坟来表示孝道，衣衾棺椁，力求雕刻华丽，灵车冥器，也用尽金玉装饰。富贵人家破坏法度，相互炫耀，贫穷之家倾家荡产，彼此攀比，这样做有伤风俗，无益教化，造成的危害已经很深了，现在，对此应予惩治革除。凡王公以下，直至百姓，从今以后，希望各州府的官员严格检查，葬礼如有不遵照律令格式的，根据情节定罪。京城里五品以上官员和皇亲贵族如有违反，要写下罪状上奏朝廷。”

岑文本担任中书令要职，但他的房宅却低下潮湿，没有帷帐之类的装饰，有人劝他买房置地，文本叹息道：“我本来只是汉水南边的一个平民百姓，并没有什么汗马功劳，只是凭借一点文墨，就当上了中书令，我已经很满足了，现在我享受着这么高的俸禄，已经感到很惭愧了，还买房置地干什么呢？”听他这么说，劝他的人叹息着离开了。

户部尚书戴胄去世后，唐太宗见他的居所很简陋，没有地方祭拜吊唁，于是下令有关部门专门为他营造祭拜之庙。

温彦博官居尚书右仆射，但是家中贫困没有正室，他死后，只有在旁屋祭奠。唐太宗知道后叹息不已，下令为他营造祭庙，又馈赠给他的家人丰厚的物资。

魏徵的住宅开始时没有正堂。一次他生病，唐太宗当时正要营造小型的宫殿，于是停下工，用这些材料为魏徵营造正堂，五天就完工了，唐太宗还派使者赠送给魏徵喜欢的素布被褥，以成全他节俭的志向。

【赏析】

本文出自《贞观政要》，太宗把奢侈纵欲视为王朝败亡的重要原因，因此厉行俭约，不务奢华。贞观二十年间，太宗由于贯彻了“自王公以下，宅第、车服、婚嫁、丧葬，准品秩不合服用者，宜一切禁断”的主张，因此国家风俗简朴，衣无锦绣，财帛富饶，无饥寒之弊。

6 司马光：《训俭示康》[1]

【原文】

吾本寒家，世以清白相承。吾性不喜华靡，自为乳儿，长者加以金银华美之服，辄羞赧弃去之。二十忝科名，闻喜宴独不戴花。同年曰：“君赐不可违也。”乃簪一花。平生衣取蔽寒，食取充腹；亦不敢服垢弊以矫俗干名，但顺吾性而已。众人皆以奢靡为荣，吾心独以俭素为美。人皆嗤吾固陋，吾不以为病。应之曰：孔子称“与其不逊也宁固”；又曰“以约失之者鲜矣”；又曰“士志于道，而耻

① 王娟译注：《贞观政要译注》，生活·读书·新知三联书店2013年版，第362页。

恶衣恶食者,未足与议也。”古人以俭为美德,今人乃以俭相诟病。嘻,异哉!

近岁风俗尤为侈靡,走卒类士服,农夫蹑丝履。吾记天圣中,先公为群牧判官,客至未尝不置酒,或三行、五行,多不过七行。酒酤于市,果止于梨、栗、枣、柿之类;肴止于脯、醢、菜羹,器用瓷、漆。当时士大夫家皆然,人不相非也。会数而礼勤,物薄而情厚。近日士大夫家,酒非内法,果、肴非远方珍异,食非多品,器皿非满案,不敢会宾友,常量月营聚,然后敢发书。苟或不然,人争非之,以为鄙吝。故不随俗靡者,盖鲜矣。嗟乎!风俗颓弊如是,居位者虽不能禁,忍助之乎!

又闻昔李文靖公为相,治居第于封丘门内,厅事前仅容旋马,或言其太隘。公笑曰:“居第当传子孙,此为宰相厅事诚隘,为太祝奉礼厅事已宽矣。”参政鲁公为谏官,真宗遣使急召之,得于酒家,既入,问其所来,以实对。上曰:“卿为清望官,奈何饮于酒肆?”对曰:“臣家贫,客至无器皿、肴、果,故就酒家觞之。”上以无隐,益重之。张文节为相,自奉养如为河阳掌书记时,所亲或规之曰:“公今受俸不少,而自奉若此。公虽自信清约,外人颇有公孙布被之讥。公宜少从众。”公叹曰:“吾今日之俸,虽举家锦衣玉食,何患不能?顾人之常情,由俭入奢易,由奢入俭难。吾今日之俸岂能常有?身岂能常存?一旦异于今日,家人习奢已久,不能顿俭,必致失所。岂若吾居位、去位、身存、身亡,常如一日乎?”呜呼!大贤之深谋远虑,岂庸人所及哉!

御孙曰:“俭,德之共也;侈,恶之大也。”共,同也;言有德者皆由俭来也。夫俭则寡欲,君子寡欲,则不役于物,可以直道而行;小人寡欲,则能谨身节用,远罪丰家。故曰:“俭,德之共也。”

侈则多欲。君子多欲则贪慕富贵，枉道速祸；小人多欲则多求妄用，败家丧身；是以居官必贿，居乡必盗。故曰：“侈，恶之大也。”

昔正考父饘粥以糊口，孟僖子知其后必有达人。季文子相三君，妾不衣帛，马不食粟，君子以为忠。管仲镂簋朱纮，山节藻棁，孔子鄙其小器。公叔文子享卫灵公，史鳅知其及祸；及戍，果以富得罪出亡。何曾日食万钱，至孙以骄溢倾家。石崇以奢靡夸人，卒以此死东市。近世寇莱公豪侈冠一时，然以功业大，人莫之非，子孙习其家风，今多穷困。其余以俭立名，以侈自败者多矣，不可遍数，聊举数人以训汝。汝非徒身当服行，当以训汝子孙，使知前辈之风俗云。

【译文】

我本来出生在贫寒的家庭，一代一代都凭借清白的家风相继承。我生性不喜欢豪华奢侈，从婴儿时起，长辈把饰有金银的华美的衣服加在我身上，我总是因害羞而脸红并扔掉它。二十岁那年忝列在进士的科名之中，参加闻喜宴时，只有我不戴花，同年说：“花是君王赐戴的，不能违反不戴。”我才在帽檐上插上一枝花。我一向衣服只求抵御寒冷，食物只求饱肚子，也不敢故意穿肮脏破烂的衣服以表示与一般人不同，以此取得人们的赞扬。只是顺着我的本性行事罢了。许多人都把奢侈浪费看作光荣，我心里独自把节俭朴素看作美德。别人都讥笑我固执，不大方，我不把这作为缺陷，回答他们说：“孔子说：‘与其骄纵，毋宁固陋。’又说：‘因为俭约而犯过失很少。’还说：‘有志于探求真理但却以吃得不好，穿得不好，为羞耻的读书人，是不值得跟他谈论的。’古人把节俭作为美德，现在的人却因节俭而相讥议，认为是缺陷，真奇怪呀！”

近年风气尤其奢侈浪费，当差的大都穿士人的衣服，农夫穿丝织品做的鞋。我记得天圣年间我的父亲作群牧司判官时，客人来了未尝不摆设酒席，但有时斟酒三次，有时斟五次，最多不超过七次就不斟了。酒是在市场上买的，水果限于梨、栗子、枣、柿子之类，下酒菜限于干肉、肉酱、菜汤，食具用瓷器和漆器。当时士大夫人家都这样，人家并不讥笑非议。那时聚会次数多而礼意殷勤，食物少而感情深厚。近来士大夫家庭，酒如果不是照宫内酿酒的方法酿造的，水果、下酒菜如果不是远方的珍贵奇异之品，食物如果不是很多品种，食具如果不是摆满桌子，就不敢约会招待客人朋友。为了约会招待往往先要用几个月的时间准备，然后才敢发请柬。如果有人不这样做，人们都争着非议他，认为他没有见过世面、舍不得花钱。因此不跟着习俗顺风倒的人，就少了。唉，风气败坏得像这样，即使是居高位有权势的人不能禁止，难道忍心助长这种恶劣风气吗？

又听说从前李文靖公做宰相时，在封丘门内修筑住宅，厅堂前面仅仅能够让一匹马转个身。有人说它太狭窄，李文靖公笑笑说："住宅是要传给子孙的，这里作为我当宰相的厅堂，确实是狭窄，但是将来用作当太祝、奉礼的我的子孙的厅堂却已经宽敞了。"参政鲁公当谏官时，真宗派人紧急召见他，后来在酒馆里找到他，鲁公入宫以后，真宗问他从哪里来，他如实地回答真宗。皇上说："你担任的官职作为清高有名望的官，为什么在酒馆里喝酒？"他回答说："小臣家里贫寒，客人来了没有食具、下酒菜、水果，所以就到酒馆请客人喝酒。"皇上因为鲁公不隐瞒实情，越发器重他。张文节当宰相时，自己生活享受如同以前当河阳节度判官时一样，亲近的人有的劝他说："您现在领取的俸禄不少，可是自己生活享受却像这样节俭，您虽然自己知道自己确实是清廉节俭，但是外人对您很有讥评，说您如同公孙弘盖布被子那样矫情作伪，您应该稍稍随从众人的习惯做法才好。"张文节公叹息说："我今天的俸禄这样多，即使全家穿绸缎的衣服，吃珍贵的饮食，还怕不能做到吗？但是人们的常情，由节俭进入奢侈是容易的，由奢侈进入节俭却困难了。我今天的高俸禄哪能长期享有呢？我自己的健康哪能长期保持呢？如果有一天我罢官或病死了，情况与现在不一样，家里的人习惯于奢侈生活已经很久，不能立刻节俭，那时候一定会因为挥霍净尽而弄到饥寒无依，哪里像我做大官或不做大官，活着或死亡，家中的生活标准都固定像同一天一样呢？”唉，大体有道德才能的人的深谋远虑，哪里是凡庸的人所能比得上的呢！

御孙说：“节俭是各种好品德的共有特点；奢侈是各种罪恶中的大罪。”“共”就是“同”，是说有好品德的人都是由节俭而来的。因为如果节俭就少贪欲。有地位的人如果少贪欲，就不为外物所役使，不受外物的牵制，可以走正直的道路。没有地位的人如果少贪欲，就能约束自己，节约费用，避免犯罪，丰裕家室。所以说：“节俭是各种好品德的共有特点。”如果奢侈就会多贪欲。有地位的人如果多贪欲，就会贪图富贵，不走正路，最后招致祸患；没有地位的人如果多贪欲，就会多方营求，随意浪费，最后败家丧身。因此，做官的如果奢侈，就必然贪赃受贿，在乡间当老百姓的，如果奢侈就必然盗窃他人财物。所以说：“奢侈是各种罪恶中的大罪。”

古时候正考父用稀粥维持生活，孟僖子因而推知他的后代必定有显达的人。季文子前后辅佐三位国君，他的小妻不穿丝绸，马不喂小米，有名望的人认为他忠于公室。管仲使用刻有花纹的食具、红色的帽带，住宅有刻着山岳的斗栱，画着水藻的梁柱，孔子看不起他，批评他见识不高。公叔文子在家里宴请卫灵公，史鳕知道他一定将要遭到灾祸，果然到了文子去世，文子的儿子公孙戌时，公孙戌就因为富裕招罪，出国逃亡。何曾一天吃喝要花一万个铜钱，到了孙子这一代就因为傲慢奢侈而家产荡尽。石崇以奢侈浪费来向人夸耀，终于因此而死在刑场上。近年寇莱公的豪华奢侈，在当代人中堪称第一，但是因为他的功业大，所以人们不批评他。可是他的子孙习染他的家风也豪华奢侈，现在多数穷困。其他因为节俭而立下好名声，因为奢侈而自招失败的事例还很多，不能统统列举。上面姑且列举几个人用来教诲你。你不但本身应当履行节俭，还应当以节俭教诲你的子孙，使他们了解前辈的生活作风习俗。

【赏析】

一个人对待物质生活的态度，直接关系到他事业的成功与失败。宋朝著名的政治家、史学家司马光以他深邃的政治眼光，敏感地洞察到了这个真理。司马光在《训俭示康》一文中，紧紧围绕着“成由俭，败由奢”这个古训，结合自己的生活经历和切身体验，旁征博引许多典型事例，对儿子进行了耐心细致、深入浅出的教诲。司马光认为俭朴是一种美德，并大力提倡，反对奢侈腐化，这种思想在当时封建官僚阶级造成的奢靡的流俗中，无疑是具有巨大进步意义的。在今天看来，司马光的见解和主张，也是很有现实的积极意义的。

7 周恩来：《一生之计在于勤》[1]

【原文】

欲筹一生之计划，舍求学其无从。然学而不勤，则又何贵乎学？

① 中共中央文献研究室、南开大学：《周恩来早期文集》上卷，中央文献出版社1996年版，第9页。

是故求学贵勤。勤则一生之计定矣；人人能勤，则一国之事定矣。

夫人之一生求学，惟青年为最大之时期。基础立于此日，发达俟乎将来。无勤持扶灌注之，安能得良好之结果哉！及乎长也，作事于社会，服役于国家，又必赖之以为砥柱，倚之为天堑，方能以其所学供之于世，以其所志，献之于身。兴一业也，则精神贯注，功存万世；除一弊也，则利放群生，是皆勤而好学之良好效果也。始终如一，庶几事成功倍，为一生计亦良得，而为家为国，利益也随之后矣。不然，于学则一曝十寒，于事则虎头蛇尾；勤于其始，惰于其终；起则如火如荼，终则无声无息，非有所慑也、惧也，不勤之故也。一生之失计固大，设而谬膺民社、身秉国钧，吾恐怠惰成性，必无事功可立焉；以懒惰从事，其祸又岂在一生以下哉！

是故视影运甓，当存惜阴之心；闻鸡起舞，无忘雪耻之志。勤能补拙，古人语不我欺。学久不怠，英贤正在吾辈。韩文公以勤勉后进，古先贤以惰戒门人。闻映雪读书、画地识字，其勤劳为何如，其成功至何等耶！故勤也者，以之验于人，以之验于事，非勤无以致其功，非勤无以毕其事。若夫饱食终日，无所用心，圣贤之所戒，吾人可不奉之为金科玉律，悬之以为座右之铭。而履勤而不怠之轨，求毕生之计，大至于国，小至于生身，殆无不受其赐。然则勤之一字，岂可忽而视之哉！

【赏析】

1914年，南开中学张皞如老师给学生布置了题目为《一生之计在于勤论》的议论文，当时还是中学生的周恩来精心谋篇布局，力议“勤”字在治学、立身与事业中的重要意义。周恩来刚入南开学校读书时，英文基础比较差，为了攻克这一难关，提高英文水平，周恩来学习非常勤奋，每天早晨起床后，将洗漱和吃早饭之外的时间以及中午和下午的课余时间全部用来学习英文。进入二年级的时候，他的英文水平已经相当好了。

8 方志敏：《清贫》[1]

【原文】

我从事革命斗争，已经十余年了。在这长期的奋斗中，我一向是过着朴素的生活，从没有奢侈过。经手的款项，总在数百万元；但为革命而筹集的金钱，是一点一滴地用之于革命事业。这在国方的伟人们看来，颇似奇迹，或认为夸张；而矜持不苟，舍己为公，却是每个共产党员具备的美德。所以，如果有人问我身边有没有一些积蓄，那我可以告诉你一桩趣事：

就在我被俘的那一天，一个最不幸的日子，有两个国方兵士，在树林中发现了我，而且猜到我是什么人的时候，他们满肚子热望在我身上搜出一千或八百大洋，或者搜出一些金镯金戒指一类的东西，发个意外之财。哪知道从我上身摸到下身，从袄领捏到袜底，除了一只时表和一支自来水笔之外，一个铜板都没有搜出。他们于是激怒起来了，猜疑我是把钱藏在哪里，不肯拿出来。他们之中有一个，左手拿着一个木柄榴弹，右手拉出榴弹中的引线，双脚拉开一步，作出要抛掷的姿势，用凶恶的眼光盯住我，威吓地吼道："赶快将钱拿出来，不然就是一炸弹，把你炸死去！""哼！你不要作出那难看的样子来吧！我确实一个铜板都没有存；想从我这里发洋财，

① 巴平主编:《中国散文鉴赏文库·现代卷》，百花文艺出版社1990年版，第487—488页。

是想错了。”我微笑淡淡地说。“你骗谁！像你当大官的人会没有钱！”拿榴弹的兵士坚不相信。“决不会没有钱的，一定是藏在哪里，我是老出门的，骗不得我。”另一个兵士一面说，一面弓着背重来一次将我的衣角裤裆过细地捏，总企望着有新的发现。“你们要相信我的话，不要瞎忙吧！我不比你们国民党当官，个个都有钱，我今天确实是一个铜板也没有，我们革命不是为着发财啦！”我再向他们解释。

等他们确知在我身上搜不出什么的时候，也就停手不搜了；又在我藏躲地方的周围，低头注目搜寻了一番，也毫无所得，他们是多么地失望呵！那个持弹欲放的兵士，也将拉着的引线，仍旧塞进榴弹的木柄里，转过身来抢夺我的表和水笔。后彼此说定表和笔卖出钱来平分，才算无话。他们用怀疑而又惊异的目光，对我自上而下地望了几遍，就同声命令地说：“走吧！”

是不是还要问问我家里有没有一些财产？请等一下，让我想一想，啊，记起来了，有的有的，但不算多。去年暑天我穿的几套旧的汗褂裤，与几双缝上底的线袜，已交给我的妻放在深山坞里保藏着——怕国军进攻时，被人抢了去，准备今年暑天拿出来再穿；那些就算是我唯一的财产了。但我说出那几件“传世宝”来，岂不要叫那些富翁们齿冷三天？！

清贫，洁白朴素的生活，正是我们革命者能够战胜许多困难的地方！

一九三五年五月二十六日写于囚室

【赏析】

方志敏，江西弋阳人，赣东北革命根据地和红军第十军的创建者，1935年因叛徒出卖被俘。被捕那天，两个国民党士兵搜遍方志敏全身，除了一块时表和一支钢笔，没有一文钱。诚如方志敏所说：“清贫，洁白朴素的生活，正是我们革命者能够战胜许多困难的地方！”在狱中，面对敌人的严刑和诱降，他正气凛然，坚贞不屈，写下了这篇文章。

9 孟德斯鸠：《论法的原则》（节选）[①]

【原文】

第一节　奢　　侈

奢侈和财富的不均永远是成正比的。如果某个国家的财富都被平均分配的话，奢侈将不会存在；而奢侈只能建立在从他人的劳动中获取安逸的基础之上。

如果要使财富分配平均，法律应该只给予每个人维持生活的必需品。假如超过这个限度，不是有人浪费，就是有人牟利，于是分配不均的现象便产生了。

如果维持生活的必需品相当于某个额定的金额的话，那么，奢侈对于那些仅够维持生活的人们来说几乎等于零；当某人的财产恰好相当于该金额的一倍，那么，其奢侈等于一；财产相当于后者一倍的人，其奢侈便等于三；如果再加上一倍的话，奢侈就是七了；如果后者的财产总是以这种方式加倍于前面的人，奢侈量以“一倍加一”的方式递增，其递增顺序如下：0，1，3，15，31，127。

在柏拉图的共和国里，奢侈是可以精确计算的，那里设立了四种财产等级。第一种恰好是刚刚超出贫困线的等级；第二等级则加倍；

① ［法］孟德斯鸠：《论法的精神》，江西教育出版社2014年版，第86—90页。

第三等级三倍；第四等级四倍。第一等，奢侈度为零；第二等为一；第三等为二；第四等为三；就这样按数学积数递加。

如果对不同国家人民间的奢侈程度进行考察的话，可以看出在每一个国家中，奢侈程度取决于该国公民间财产分配不均的程度，也取决于与不同国家间的财富分配不均的程度。譬如在波兰，公民财产的分配不均的差距是极其悬殊的，然而国家整体的贫穷阻碍了这个国家像富裕的国家那样奢侈。

奢侈又伴随着城市的扩大而发展，尤其是首都的繁荣。因此，奢侈是与国家的财富、私人财产的膨胀以及集中于某些地区的人口增长相联系。

人口越集中，人们越具有虚荣心，越想在细小的事情上表现出与众不同的风格。人口的极度膨胀使居民彼此互不相识，则人们出人头地的虚荣心也会加倍膨胀，这是因为有较多的成功机会在等待着人们。由于奢侈给予人们以这种希冀，所以，每个人都装出身份优越的姿态，正是因为每个人都试图超凡出众，其结果反而使人人都变成了一个模样，个性也就随之消失了；谁都想受到注目，谁也都不被任何人注目了。

正因为如此，所有领域都产生了一种不便。那些在某一领域具有卓越才能的人，便把自己的技能随意定价，才疏学浅的人也群起而与之效仿。于是，人们的需求和财力便失去了平衡。当我被迫去打一场官司的时候，我就必须出钱请律师；当我患病的时候，我就必须请得起医生。

有某些人认为，首都人口的高度聚集会减少商业活动，因为居民不再分散居住。我并不这样认为，因为人口的集中反而会激发更多的希冀、更多的需求和更多的幻想。

第二节　民主政治限制奢侈的法律

我刚才提及过，在财产平均分配的共和国里，是不会有奢侈存在的，另外，正如我们在第五章里读到的一样，这种分配形式的均衡性正是共和政体的优越之处。所以，在共和国里，奢侈越少，它也就越完善。初期的罗马人并不奢侈，拉栖弟梦人亦如此，在没有完全丧失平等的共和国里，商业精神、劳动和品德精神促使每一个人能够而且愿意依靠自己的财产生活，因此也就绝少有奢侈了。

某些共和国迫切地要求建立重新分配土地的法律。这种法律就性质而言是有益的。这些法律只有在操之过急的情况下才会产生危险。突然剥夺某些人的财富，突然增加另一些人的财富，都会使每一个家庭中发生革命，也势必引起全国性的普遍的革命。

奢侈之风一旦在共和国里风行起来，人们的意识便会随即转向个人利益。如果只允许人们享有生活必需品的话，那么除了个人与祖国的光荣之外就别无所求了。但是一个被奢华腐蚀的灵魂会有别的许多欲望，它很快就会成为制约它的法律的敌人。列基姆的卫戍部队开始沉湎于奢侈生活便成为了他们屠杀居民的重要原因。

罗马人一旦腐化，其欲望就变得漫无边际，这从他们当时制定的价格中便可得出结论。一瓶法烈因酒竟卖到一百罗马德尼尔；旁都斯王国的咸肉，一桶要价四百德尼尔；一个好厨师的工资达到四百塔兰；青年侍工的工钱更没有限量。在普遍的腐化狂潮冲击下，所有的人都沉湎于骄奢淫逸之中的时候，还有什么品德可言呢？

第三节　贵族政治限制奢侈的法律

在政治体制不尽完善的贵族政治的国家中有一种令人不快的情形，即贵族们虽然富有，却不允许他们任意花费，与节制精神相悖的奢侈是必须被摈弃的，因此，在这种国家里只会有得不到任何财富的极为贫穷的人，以及非常有钱但又不得任意花费的富人。

威尼斯的法律迫使贵族过简朴的生活。贵族们非常习惯于吝啬，只有那些高等妓女们才能够让他们从腰包里掏出钱来。人们就是用这种方法维持其产业。那些最令人蔑视的女人花钱毫无危险，但是给予她们金钱让其任意挥霍的人们却要过着最为默默无闻的生活。

政体优越的希腊共和国在这方面拥有理想的法律制度。富人的财富用于节日庆典、组织歌咏团、使用车辆以及开支昂贵的官职上。所以在那里，富裕和贫穷同样是一种负担。

第四节　君主政体限制奢侈的法律

塔西佗说：“日耳曼民族中的遂安人崇拜财富，所以他们生活在一君统治的政体之下。”由此可以清楚地看到，奢侈极为适合于君主政体，君主政体也丝毫不需要限制奢侈的法律。

因为依据君主政体，财富的分配是极不平均的，所以奢侈也是极有必要的，如果富人不大肆挥霍的话，穷人就将饿死。在这种国家里，富人的消费应该随着财富的不平均程度相应地增加，又如我们已经说过的一样，奢侈也按照这一比例递增。私人的财富是通过剥夺一部分公民的生活必需品才得以增加的，所以必须将剥夺的东西归还他们。

既然如此，若想维持君主政体的国家，奢侈之风就应该尽吹于举国上下，从农夫、手工业者、大商人、贵族、官吏、显贵的王公、大包税人，直至君主本人，层层加剧，否则一切都将不复存在。

罗马元老院是由严肃的官吏、法学家、头脑中充满原始时代思想的人们组成的。在奥古斯都执政时期，元老院中有人建议整肃妇女的某些习俗和奢侈之风。在狄欧的著作里，我们惊奇地读到，奥古斯都是怎样以巧妙的手法避开元老们喋喋不休的要求的。他之所以这样做，是因为他正在为瓦解共和体制，建立君主体制而努力。

提贝留斯执政时期，市政官们在元老院中建议恢复旧有的限制奢侈的法律。这位贤明的君主反对这一建议，他说："在目前的形势下，采纳此项建议，将使国家无法继续生存下去。罗马如何能够生存？各省又如何能够生存？从前，当我们只作为一个城市中的公民时，我们曾经俭朴度日；而现在，我们正在消费着整个世界的财富，人们正在让所有的领主和奴隶为我们劳动。"他清晰地看到限制奢侈的法律已经不再需要了。

同样是在这个皇帝执政的时期，元老院中有人建议应该禁止各省督携带他们的妻室到省里去，因为她们会给省里带去放荡的风气。这个建议未被他采纳，据说是"前人刻板的风范已经被转变为较为惬意的生活方式了"，人们感觉到需要另一些习俗了。

因此，奢侈在君主国是必要的，在专制国家也是必要的。在君主国，人们将奢侈作为从自由中产生的东西加以享用；在专制国家，奢侈是人们对奴役中所得到的利益的滥用方式。当领主委派某个奴隶对其他奴隶进行残暴压迫时，这个奴隶对于每一天是否都能享有同样的殊荣是不得而知的，所以他唯一的快乐就是满足自己眼前的骄横、情欲和淫逸。

这一切使我们得出一个看法：共和国会断送于奢华；君主国则毁灭于贫穷。

第五节　在什么情况下君主国使用限制奢侈的法律

十三世纪中叶，阿拉贡要么是依据共和国的精神，要么是由于其他特殊的情况，制定了限制奢侈的法律。詹姆斯一世规定，无论是国王或是他的所有臣民，除了自己猎获的猎物之外，每餐不得有两种以上的肉食，而且每种肉食只得用一种方式烹制。

如今，瑞典也制定了限制奢侈的法律，但是其立法的宗旨与阿拉贡有所不同。

一个政府可以推行限制奢侈的法律，从而达到“绝对节俭”的目的。这就是共和国限制奢侈的法律的精神实质所在。从事物的性质来看，阿拉贡就是依据这一精神制定限制奢侈的法律的。

限制奢侈的法律同样能够具有达到“相对节俭”的目的。当某个国家感到外国的商品价格过高而要求出口本国商品时，就会造成由于本国商品输出导致的商品匮乏而不能由外国商品的输入加以补偿的现象，于是便彻底禁止进口。这就是瑞典政府制定限制奢侈的法律的精神实质所在。这是唯一适合君主国的限制奢侈的法律。

按照通常的情况：一个国家越贫穷，它就越容易被“相对的奢侈”所摧毁，因此这个国家就越发需要“相对限制奢侈的法律”。一个国家越富裕，“相对的奢侈”倒会使它更富裕，因此这个国家应该格外谨慎，要避免制定“相对限制奢侈的法律”，关于这一点，我们在本书有关商业的章节中将更好地加以论述。我们在这里只讨论“绝对的奢侈”问题。

第六节　中国的奢侈

在某些国家，由于种种特殊的理由，需要制定限制奢侈的法律。由于气候的影响，使人口可能极多，而且在另一个方面，维持生计的经济条件也可能极不稳定，所以最好是让人民普遍经营农业。在这些国家中，奢侈是危险的事情，限制奢侈的法律应该是极其严格的。因此，为了知道应该鼓励还是禁止奢侈，就应该首先观察那里的人口数目，以及使其谋生的最佳手段之间的关系。在英国，土地出产的谷物除了提供给农业经营者和衣物制造者食用之外还绰绰有余，所以，英国可以有一些无关紧要的艺术门类，因而也就产生了奢侈。法国生产的小麦也足以维持农民和工人们的生活，加之，对外贸易可以输入繁多的必需品与本国无关紧要的物品交换，所以人们丝毫也不惧怕奢侈。

中国的情形恰恰相反，妇女的生育能力极强，因此人口繁衍达到了惊人的地步，所以土地无论怎样垦殖也仅仅能勉强维持居民的生活。因此，奢侈在中国是十分有害的，与某些共和国所采取的方针一样，勤劳和节约的精神在中国是极为适用的。人们应该全力从事必需的工艺生产，而避免从事那些供人享乐的工艺生产。

中国皇帝们诏书中的华丽辞藻表达的精神就是如此。汉朝的一位皇帝说："我们祖先训诫我们，如果男不耕，女不织，帝国中的人就会饱受饥寒……"依据这一原则，他曾下令拆毁无数的寺庙。

第二十一朝代的第三个皇帝执政时，有人把一座矿山中获取的一些宝石献给他，他却命令关闭这个矿山，因为他不愿意让人们为一件不能给人民带来吃穿的物品而艰辛劳作。

建文帝曾说："我们如此奢华，连老百姓不得已出卖的男女小孩的鞋上都要绣上花。"众多的人为一个人制作衣裳，这难道是帮助众多缺衣少穿人们的办法吗？十个人坐吃由一个农民在土地上劳作的收获，难道是使众人免于忍饥挨饿的方法吗？

第七节　中国因为奢侈而必然产生的后果

我们知道在中国的历史上有过二十二个相继更迭的朝代，也就是说，中国经历了二十二次一般性的革命，这还没有将无数次特殊的革命算在内。最初的三个王朝历时相当长，因为施政明智，而且版图也不像以后那样广大。然而，我们大体可以这样说，所有的朝代在它们建立之初都是相当好的。注重品德、处世谨慎、富有警惕心，在中国是必要的。这些品质在朝代之初还能保持，然而在朝代之末便荡然无存了。实际上，开国皇帝都是在艰苦的征战中成长起来的，他们推翻了沉湎于骄奢淫逸之中的旧皇室，他们尊崇曾被他们自身深刻证明的品德，担心他们曾目睹过的、会致人死命的骄奢淫逸。但是在经历了开国之初的三四个君主之后，后继者便成为腐化、奢侈、懒惰、逸乐的俘虏。他们把自己关在深宫里，他们的精神萎靡，寿命变得短促，皇室也日渐衰败。权贵兴起，宦官获得宠信，人们只把小孩推上王位宝座。皇宫成为国家的仇敌，皇宫中游手好闲的懒汉使辛勤劳作的人民遭受破产，皇帝被篡位者杀死或被驱逐，篡位者又建立另一个皇室，这个皇室的第三、四代的君主又会把自己关在同一个深宫中。

【赏析】

本文节选自《论法的原则》中《政体原则与限制奢侈的法律、奢华以及妇女身份的关系》一章，作者孟德斯鸠，是法国启蒙时期思想家、律师，也是西方国家学说和法学理论的奠基人。本部分分析了奢侈的来源：与国家的财富、私人财产的膨胀以及集中于某些地区的人口增长相联系。他提出，一旦奢侈腐化，其欲望就变得漫无边际，整个国家都没有品德可言。孟德斯鸠除了对三种不同的政体（共和、君主、专制）的奢侈与节俭的社会风尚等社会机制和现象之间的关系进行了生动详尽的阐述，还对三种政体原则的奢侈产生的因素也作出了明确的阐述。有意思的是，作为十七世纪的法国人，他将中国封建王朝的奢侈风气的现象和原因单独讨论，很值得思考。

10 培根：《谈财富》[1]

在我看来，我只能把财富称作富人的负担。罗马语中有一个词也许更确切一些，那就是“辎重”。因为财富对富人而言，恰恰就像辎重对军队一样。辎重少不了，也不可抛弃，但它影响行军。不仅如此，有时过分考虑辎重会贻误战机，造成失利。巨大的财富其实没有真正的用处，除非分给别人，它只是一些中看不中用的东西。所以所罗门说：“财富越多，拥有它的人，除了用眼睛看看，又有多少是用来消费掉的呢？”任何人的享用都触动不了巨大的财富，有的被他看守起来，有的被他救济了穷人，有的被他捐赠掉了，有的用在了增添名声上，但对他来说，财富还是没有什么实质性的用途。你难道没有看到吗，一些小小的宝石或珍品竟被抬到了荒唐的天价？有些人炫耀自己的财富，这多少可以显示一下巨大财富的用处，但除此之外，又究竟能起什么作用呢？你也许会说，财富还是有用的，它可以让人摆脱危险和困境。但正如所罗门说的那样：“在有钱人的想象中，财富是一座坚固的城堡。”这句话说得妙。它的作用存在于想象中，而往往并不存在于实际中。有一点是肯定的，由于财富招灾惹祸的人，远远多于因它而得救的人。

不要炫耀财富，对那些用正当手段得来的财富，要用得节制，心甘情愿分给别人，愉愉快快留给后人。不过也不要装得超凡脱俗，蔑视财富，而要区别它的双重作用，正如西塞罗关于拉比瑞亚斯·波

① ［英］弗兰西斯·培根著，徐朴译：《培根随笔》，浙江文艺出版社2010年版，第130页。

斯丢玛斯所说的："他对财富的追求，不是为了满足一己的贪欲，而是为了获得一种行善的手段。"我们还应当听听所罗门的告诫，不要急于敛财："急于致富者必陷于不义之境。"诗人们还杜撰说，财神普罗塔斯受到朱庇特的派遣时，一瘸一拐，走得很慢，但要是阎王普罗陶派遣他，他就跑得飞快。这也就是说，通过正当手段、正当劳动得来的财富来得很慢，而通过别人死后的遗产或遗赠得来的钱财就像是一头扑进他们怀里来的。不过这也可能同样适用于普罗陶，若将他看做魔鬼的话。因为财富要是来自魔鬼，他们用了不正当的手段，欺诈或压榨了别人，魔鬼也会很快找上门来。

致富之术很多，而其中大多数是卑污的。其中最好的一种应该算是吝啬，然而也不能说吝啬就是纯洁无罪，因为吝啬的手段使人不肯施舍救贫。发展土地中的产物是最自然的致富术，因为这些产物是我们大家的母亲——大地——的赏赐，但是用这种方法发财是很慢的。然而若是有钱的人肯屈就农牧矿产之事，则其财富的倍增是非常厉害的。我从前认识的一位英国的贵族，他的钱财是当时人中最多的：他是一位大草原主人、大牧场主人、大森林主人、大煤矿主人、大铅矿主人、大铁矿主人和许多其他类似的产物的主人。因为这个缘故，土地对于这位贵族来说就如一片大海，因为它给他带来的财富是源源不断，永不枯竭的。

有人说得倒也确实，发小财很难，发大财却很容易。因为一个人财富积累到一定程度，他可以操纵市场，吃进很少人财力能及的大生意，并且成为年轻人企业中的合伙人。这样他的财富增长就只快不慢了。

在普通的贸易和普通的职业中赚钱都是诚实的。这主要靠两件事情，一是勤奋，一是规规矩矩做生意的好名声。买进卖出的生意就有更多可疑的性质，他可以乘人之危，抬高价格，他也可以利用仆人或亲信去破坏别人的生意，把生意拉到自己一边来，他也可以狡猾地拖延别人的时间，拖垮一些很好的商人。这些都是很卑鄙恶劣的行径。至于那些倒手转卖的生意，通常都是向两方面榨取钱财，既榨取卖主，也榨取买主。跟人合伙做生意也可以赚大钱，只要精心挑选可靠的合伙人。高利贷是赚钱最可靠的手段，虽说也是最恶劣的手段，因为这种手段实在是吃别人的血汗。不仅如此，这种人也可以说是在安息日耕作。不过尽管它很稳妥，但也可能会有疏漏，因为掮客和中介人往往会替没有信用的人做担保，从中捞取好处。

有一项发明或一项优先权往往会在生意上占先，有时会使财富奇迹般地增长，比如加那利群岛头一个生产蔗糖的人。因此，一个人能掌握真正的逻辑，又有很好的判断力和创造力，就可以做大事业，特别是适逢其时的话。一个人得了财富坐享其成，是不可能获得巨大财富的。那些把一切压在冒险上的人往往会倾家荡产，一贫如洗。因此，要是他及时把握防止冒险，还可以弥补一些损失。独家销售或囤积居奇、待价而沽，要是不受约束的话，那是最有效的致富之道，特别是那些有先见的人，他们知道市场会急需什么东西，抢先囤积起来。

为别人服务，也能得到财富，当然，那是指那些名声最大的人。然而，要是用阿谀奉承、卑躬屈膝得来的话，他们就落入了名声极坏的小人之列。至于用不正当的手段攫取遗赠或监理权的人（如塔西佗说到塞奈喀："无子孙者及其遗产都被他抓在手中，如入罗网"），那就更卑鄙了。自甘堕落为卑鄙小人，在那种为别人服务的人中间司空见惯。

不要过于相信那些表面上好像看不起财富的人，他们看不起财富，那是因为他们得不到财富，对财富已经绝望。一旦他们跟财富沾边，那么他们的表现比谁都糟糕。也不要做一个小处精明的人，钱财长有翅膀，有时候会自己飞走，有时候你要放它飞出去，飞回来就会带来更多的钱财。人们把钱财留给亲属或公众，不论亲属还是公众，得到的份额都应该适当。要是子女年龄太小，判断力又不够，不能立稳脚跟，你留给他一大笔产业，那份产业就如同一个诱饵，会引来各种各样的猛禽聚集在你的子女身边，伺机攫取。同样，给人带来荣耀的赠物和捐款，就像是没有放盐的祭品，不能保持长久，又好比里边放了许多施舍物的坟墓，外面虽然经过了粉刷，里边的东西还是会很快腐烂，从里边烂到外面。因此，不要用数量来计算你的赠物，而要用计算来调整你的赠物。也不要把捐赠一直拖到死后，因为你仔细想想，这样做确实是在慷他人之慨，而不是在花自己的钱了。

【赏析】

培根是英国文艺复兴时期最重要的散文家和哲学家，他的财富观念非常具有现代意义。培根把财富称作富人的负担，除了分配给众人外，没有什么实际用处，其余的所谓用处不过是幻想而已。财富要来得光明，用得谨慎，分得开心，留得放心。不要炫耀财富，对那些用正当手段得来的财富，要用得节制。一般行业致富之路都是依靠勤奋和正直，这种方式往往来得缓慢；而快速的致富之术有很多，但其中大多数是卑污的。所以培根主张只挣你取之有道、用之有度、施之有乐、且遗之有慰的钱财，但同时也不主张对财富全然不屑的态度，对于吝啬更是嗤之以鼻。

参 考 文 献

1. 司马光著，顾长安整理:《资治通鉴》，万卷出版公司2009年版。

2. 刘义庆著:《世说新语》，北京时代华文书局2014年版。

3. 吴兢著:《贞观政要译注》，上海三联书店2013年版。

4. 吴楚材、吴调侯著:《古文观止》，万卷出版公司2014年版。

5. 王伟锋编著:《节俭精神》，国家行政学院出版社2005年版。

6. 王岳川主编:《一生要读知的100篇中国名文（上）》，中国戏剧出版社2004年版。

7. 王禹翰编:《一本书读懂世界史》，万卷出版公司，2013年版。

8. 中共长沙市委宣传部、长沙市文明办编:《勤俭》，学习出版社2004年版。

9. 中国人民政治协商会议全国委员会文史资料研究委员会合编:《回忆陈嘉庚》，文史资料出版社1984年版。

10. 介江岭编注:《唐宋文选》，浙江古籍出版社2013年版。

11. 卞孝萱主编:《中国古代文学作品选　隋唐五代宋金元卷》，华中师范大学出版社1999年版。

12. 尹全生主编:《开启勤俭美德之门的金钥匙》，光明日报出版社2011年版。

13. 本书编委会编:《中小企业工商管理案例及分析》，企业管理出版社1999年版。

14. 左梅香主编:《家教宝典》，中国文史出版社2005年版。

15. 关月玲编:《勤俭美德》，西北农林科技大学出版社2013年版。

16. 孙杰、晓慧等编:《思想品德篇之勤俭节约》，远方出版社2004年版。

17. 杜衡、陈翠编译:《洛克菲勒　一个财富巨擘的人生信条》，学林出版社2006年版。

18. 李庆明、李冰主编:《公民读本家庭篇：家，甜蜜的家》，二十一世纪出版社2011年版。

19. 宋林飞主编:《中华传统美德丛书：荣辱卷》，南京大学出版社2013年版。

20. 宋林飞主编:《中华传统美德丛书：勤俭卷》，南京大学出版社2013年版。

21. 武可贤主编:《中华魂丛书：勤俭卷》，山东人民出版社1992年版。

22. 欧阳旭辉主编:《干部人文素养精选读本》，研究出版社2014年版。

23. 贤才文化编:《感动中国道德榜样》，湖南人民出版社2011年版。

24. 金波、卢德娥编著:《青少年成长美德书》，北京工业大学出版社2012年版。

25. 郦波著:《中华家训智慧修炼好品质》，新蕾出版社2014年版。

26. 顾晓鸣主编:《世界智慧大观　第3册》，浙江人民出版社1995年版。

27. 郭齐家、李茂旭主编:《中华传世家训经典　第3卷》，人民日报出版社2009年版。

28. 唐文起著:《江苏近代经济史探讨》，江苏大学出版社2013年版。

29. 曹前发著:《毛泽东生态观》，人民出版社2013年版。

后　　记

家庭、家教、家风与人们日常生活息息相关，是中华优秀传统文化和社会主义核心价值观的微观体现和具体展示。在2015年2月17日春节团拜会上，习近平同志特别指出，“中华民族自古以来就重视家庭、重视亲情。家庭是社会的基本细胞，是人生的第一所学校。不论时代发生多大变化，不论生活格局发生多大变化，我们都要重视家庭建设，注重家庭、注重家教、注重家风。发扬光大中华民族传统家庭美德，促进家庭和睦，促进亲人相亲相爱，促进下一代健康成长，促进老年人老有所养，使千千万万个家庭成为国家发展、民族进步、社会和谐的重要基点”。随后，中共上海市委办公厅转发了市委宣传部等七家单位《关于本市深入开展“注重家庭、注重家教、注重家风”建设工作的意见》。由此可见，无论是国家领导人还是地方政府都十分重视家庭、家教和家风工作。

为增强广大市民对中华传世家风家教家训的认同感和归属感，上海市学习型社会建设服务指导中心启动了“家风·家教·家训”系列丛书的编写工作，旨在指导市民阅读经典家训，体味中国传统文化中的家国情怀和正直有为的立身处世之道，从而将弘扬和宣传中华优秀的家风家教家训作为培育和践行社会主义核心价值观的有效载体和传承中华优秀传统文化的重要手段。这也正是本套丛书编写的初衷。

“家风·家教·家训”系列丛书特邀国内知名专家、教授担纲撰写，纵贯古今，兼收并蓄。丛书分别围绕修身养性、励志勉学、诚实守信、克勤克俭、友善乐群、敬业奉献、清正廉洁、浩然正气、自强不息、家国情怀等十大主题，对与社会主义核心价值观相呼应的中华优秀家传文化做了系统阐述，并精心挑选出中外多位具有代表性和现实意义的历史名人，对他们的家风、家教、家训进行生动的介绍，力图将这些反映中华优秀传统文化精髓和人类共同价值追求的精神财富呈现给广大读者。尤为可贵的是，作者在编写过程中，始终注重将时代精神融入其中，使优秀传统文化焕发出新的生机。

这套丛书的编辑，是一项繁复的系统工程。自启动编写工作后，编委会开展了大量的调研工作，各位作者也查找了大量学术论文、工具书等文献资料，在广泛吸收前人的研究成果和历史资料的基础上，以一种独特新颖的体例，编成了这套书。为了做好这项工作，编委会全体成员本着高度的责任感和无私的奉献精神，从研讨策划会到工作布置会，从统稿到编辑，从排版到付梓，都倾注了大量的心血。正是大家倾尽全力的付出，才换来本套丛书的如期出版。

本套丛书的编辑过程中，得到了各级领导的高度重视和大力支持。本套丛书的编写，得到了上海市教委终身教育处和上海开放大学领导的悉心指导，得到了上海市学习型社会建设服务指导中心办公室同仁的大力支持和配合，在此一并向他们表示由衷的感谢。

由于编者的水平和条件所限，本书难免有纰漏和不当之处，恳请读者批评指正。

上海市学习型社会建设服务指导中心